で見る 全単元・全時間の授業のすべて

国語

小学校5年

直山木綿子 編著

東洋館出版社

はじめに

2020年４月より新学習指導要領が全面実施となりました。今回の改訂では、これまで高学年の外国語活動で小学校の先生方が積み上げてこられた豊富な実践による成果を継承しつつ、小学校の外国語活動と中学校の外国語科の指導のギャップ等の課題を解消するため、中学年では音声を中心とした「聞くこと」「話すこと」の指導を外国語活動として年間35時間、高学年では「聞くこと」「話すこと」に加え、「読むこと」「書くこと」の４技能を外国語科として年間70時間、指導いただくことになりました。

中学年の外国語活動では、移行期間中より文部科学省が配布した「Let's Try!」を主たる教材として扱います。また、高学年の外国語科では、「教科書」を使って、数値による評価も行うことになります。

これまで外国語教育の対象学年が高学年のみであり、外国語担当の教師が限られていたのに対し、新学習指導要領では中学年に外国語活動が導入され、多くの先生方が外国語教育の授業を担当されることになりました。外国語の専門性に対する不安感から外国語活動や外国語科の指導に苦手意識をもつ先生方もいらっしゃることでしょう。

そこで本シリーズではそんな先生方のために、「Let's Try!」や教科書を子供の実態に応じてアレンジしながら活用しておられる先生方にその実践をご執筆いただき、指導上の留意点やアレンジの仕方等について記していただきました。外国語活動・外国語科の１時間ごとの授業の進め方を提案するとともに、コミュニケーションを行う目的や場面、状況などを明確にした質の高い言語活動を紹介していただき、「主体的・対話的で深い学び」の視点からの授業改善にも役立つものとなっています。これらの実践を参考に、子供たちとともに「あなたの学校・学級の外国語の授業」をつくっていただきたいと思います。

本書発行に当たり、ご自身の実践をまとめてくださった執筆者の先生方に感謝するとともに、編集に当たっていただいた東洋館出版社の近藤智昭氏、河合麻衣氏、大岩有理奈氏に心より謝意を申し上げます。

本シリーズが全国の先生方の外国語活動・外国語の授業づくりのお役に立つことを願っています。

令和３年３月吉日

直山　木綿子

本書活用のポイント

本書は、全単元の１時間ごとの授業づくりのポイント、学習活動の進め方と板書のイメージなどがひと目で分かるように構成されています。各項目における活用のポイントは以下のとおりです。

本時の目標・準備する物

テキストや教科書の指導案に示されている目標を参考にしながらも、各執筆者が子供の実態に応じて本単元で身に付けたい力を目標として設定しています。さらに本時で必要な教材・教具、学習カード、掲示物等を記載しています。

本時の言語活動のポイント

毎時間、コミュニケーションを行う目的や場面、状況などを明確にした言語活動を行うことになります。ここでは、本時における中心となる言語活動をどのような意図をもって行うかについて述べています。単元のゴールにつなげるためにも、どのような内容を相手や他者に伝えたらよいか、そのことを伝えるために、単元で慣れ親しんだ、あるいは既習の語句や表現から何を取捨選択したらよいかや、話すことの順を入れ替えるなどの工夫を子供が自分で考え、判断し、表現する場を設定する際のポイントを解説しています。

評価のポイント

本時の授業でどのような子供の姿を見取り、評価していくかについて解説しています。「指導に生かす評価」を行うのか、「記録に残す評価」を行うのかを各領域に焦点を当てて詳述しています。

第４時 できるかどうか尋ねたり答えたりしよう②

本時の目標

できることやできないことについて尋ねたり答えたりして伝え合うことができる。

準備する物

・教師用デジタルブック
・振り返りカード
・「動作など（1）」「スポーツ」「楽器」「動作」、We Can 1：Unit 5「できること」などの絵カード（掲示用）

本時の言語活動のポイント

Let's Try 2 でスムーズにインタビューできるように、その前にできるかどうか尋ねたり答えたりする表現に慣れ親しませるようにする。Let's Try 2 では、尋ねたいことを絵カードの中から選択させ、相手の答えを予想させることで、インタビューする必要感をもたせる。また、活動を途中で一度止めて、言いたいことを英語で表せずに困っていることを全体で共有し解決方法を全員で考えるなどして、子供のやり取りを段階的にブラッシュアップしていく。

【「話すこと［発表］」の指導に生かす評価】

◎本時では、記録に残す評価は行わないが、目標に向けて指導を行う。子供の学習状況を記録に残さない活動や時間においても、教師が子供の学習状況を確認する。
・ペアで尋ね合っている様子を中心に見取る。うまく言えない子がいたり発音が難しい単語があったりした場合には、その場で支援し、次時の Small Talk の中で取り上げ、練習する機会を設ける。

本時の展開 

1 Let's Chant ③ /Small Talk 教師の質問に答える

Let's Chant ③の後に行う。教師（または ALT）は前回に引き続き、好きなスポーツや趣味を話題に、Can you ～? の質問で数名の子供に尋ねる。子供とやり取りをくり返すことで前時の学習を思い出させ、表現を使ってペアで尋ね合うことができるようにする。

2 Let's Try ②：相手を変え、２回ペアで尋ね合う

掲示用絵カードの中から尋ねたいことを選ばせ、Can you ～? を使ってペアで尋ね合わせる。できるかどうか予想させてからやり取りさせる。１回目が終わった後、全体で困ったことを共有したり、よかった姿を紹介したりすることで、２回目に生かせるようにする。

Unit4／He can bake bread well.
090

授業の流れ

本時の主な活動について、そのねらいや流れ、指導上の留意点をイラストとともに記しています。その活動のねらいを教師がしっかりと理解することで、言葉かけや板書の仕方、教材の使い方も変わってきます。この一連の活動で、はじめは、単語であったが、最後には文で自分の考えや気持ちを表現し、子供同士でやり取りをするといった目指す姿が見えてきます。

※本書の編集に当たっては、令和２年発行の東京書籍の外国語教科書を中心に授業を構成しています。
各 Unit の時数を確認し、学習指導要領に即した指導事項や関連する言語活動を確かめてください。

NEW HORIZON Elementary 5 / **Unit 4**

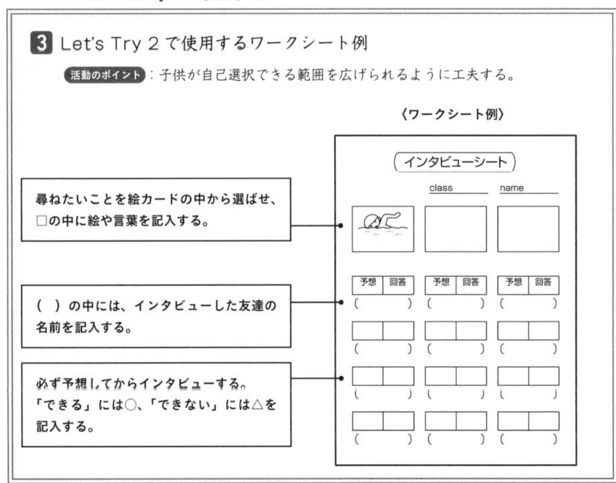

3 Let's Try 2 で使用するワークシート例

活動のポイント：子供が自己選択できる範囲を広げられるように工夫する。

〈ワークシート例〉

尋ねたいことを絵カードの中から選ばせ、□の中に絵や言葉を記入する。

（　）の中には、インタビューした友達の名前を記入する。

必ず予想してからインタビューする。「できる」には○、「できない」には△を記入する。

3 Let's Try 2 ：相手を見付けて インタビューする

ペアでの活動と同じワークシートを活用し、教室内を歩いて回り友達と尋ね合わせる。相手の答えを予想してから尋ね合わせるようにする。挨拶や相槌など、コミュニケーションを円滑にする表現も意識させる。インタビュー結果は次時の Let's Try 4 で活用する。

4 本時の学習を振り返る Sounds and Letters

友達にインタビューして、初めて知ったことや驚いたこと、うれしかったこと、頑張ったことなど振り返らせ、感想を交流する。教師は、子供のよかったところを取り上げて価値付ける。

※ Sounds and Letters を帯活動で行う。

第4時
091

本時の中心となる活動・板書

本時の目標を達成するための中心となる活動を取り上げ、指導のポイントや流れをイラストとともに記しています。特に先生の言葉かけを参考にしてください。子供の発言を受け止める、子供のつぶやきを大切にする、温かな言葉かけをすることが、子供のコミュニケーションへの積極性を育みます。

また、板書例は45分の流れがひと目で分かるように構成されています。子供の吹き出しは、コミュニケーションにおける見方・考え方につながるものと捉えることができます。

特典 DVD・巻末付録

編著者である直山木綿子先生が、新学習指導要領における外国語教育の指導のポイント、評価の考え方、Small Talk の例を紹介しています。巻末には、単元別に行うことができる基本の活動と発展的な活動を紹介しています。

単元計画ページ

各単元の冒頭には、「単元の目標」「単元の評価規準」「単元計画」を記載したページがあります。下段には、「単元の概要」「本単元で扱う主な語彙・表現」を記載しています。さらに、本単元における「主体的・対話的で深い学びの視点」や「評価のポイント」も詳しく述べられています。

イラストで見る全単元・全時間の授業のすべて
外国語 小学校 5年
もくじ

外国語教育における
授業のポイント

外国語教育における授業のポイント

コミュニケーションを行う目的や場面、状況などを明確にした言語活動を！

はじめに

2020年度の小学校学習指導要領全面実施に伴い、全ての学校の中学年で外国語活動の授業が年間35単位時間、また、高学年で外国語科の授業が年間70単位時間展開されています。特に、高学年外国語科については、年間70単位時間の授業を初めて行う学校が多いでしょう。また教科として、初めて教科書を活用して指導を行い、初めて数値等による評価を実施することとなりました。「初めて」づくしの取組に、各学校では、地域や子供の実態に合わせて、誠意をもって取り組んでいただいているところではありますが、指導と評価について悩んでいる先生方も多いことでしょう。

ここでは、外国語活動及び外国語科の指導において、子供が「主体的・対話的で深い学び」を実現するために大切にしたいこととして、「言語活動」「言語活動を通して」求められる資質・能力を身に付ける具体についての実践を例に挙げながら、確認していきます。

1 言語活動について

(1) 「言語活動」について確認する

表1は、新学習指導要領に示されている、小学校外国語活動及び外国語、中・高等学校外国語の目標です。これを見ると、小学校、中・高等学校でも、また、活動、教科でも、「言語活動を通して」子供たちにコミュニケーションを図る（素地／基礎となる）資質・能力を育成することが求められていることが分かります。

小学校		中学校　外国語	高等学校　外国語
外国語活動	外国語		
外国語によるコミュニケーションにおける見方・考え方を働かせ、外国語による聞くこと、話すことの**言語活動を通して**、コミュニケーションを図る素地となる資質・能力を次のとおり育成することを目指す。 （※太字・傍線筆者）	外国語によるコミュニケーションにおける見方・考え方を働かせ、外国語による聞くこと、読むこと、話すこと、書くことの**言語活動を通して**、コミュニケーションを図る基礎となる資質・能力を次のとおり育成することを目指す。	外国語によるコミュニケーションにおける見方・考え方を働かせ、外国語による聞くこと、読むこと、話すこと、書くことの**言語活動を通して**、簡単な情報や考えなどを理解したり表現したり伝え合ったりするコミュニケーションを図る資質・能力を次のとおり育成することを目指す。	外国語によるコミュニケーションにおける見方・考え方を働かせ、外国語による聞くこと、読むこと、話すこと、書くことの**言語活動**及びこれらを結び付けた統合的な**言語活動を通して**、情報や考えなどを的確に理解したり適切に表現したり伝え合ったりするコミュニケーションを図る資質・能力を次のとおり育成することを目指す。

表1　小・中・高等学校における外国語教育の目標

では、「言語活動」とは何でしょうか。以下は、「小学校外国語活動・外国語　研修ガイドブック」（2017、文部科学省）中の「言語活動」に関する説明になります。

> 外国語活動や外国語科における言語活動は、記録、要約、説明、論述、話し合いといった言語活動よりは基本的なものである。学習指導要領の外国語活動や外国語科においては、言語活動は、「実際に英語を使用して互いの考えや気持ちを伝え合う」活動を意味する。

このように、外国語活動や外国語科で行われている活動が全て言語活動とは言えず、言語活動は、言語材料について理解したり練習したりすることと区別されています。そして、実際に英語を使って互いの考えや気持ちを伝え合うという言語活動では、情報を整理しながら考えなどを形成するといった「思考力、判断力、表現力等」が活用されるとともに、英語に関する「知識及び技能」が活用されることになります。つまり、子供が自分の考えや気持ちを伝え合う言語活動をしっかりと設定した授業を行う必要があるのです。

例えば、大分県佐伯市立明治小学校は「言語活動」に取り組む実践を通して、「言語活動」に必要な４つの要素を導き出しています。

①必然性
②ほんもの
③相手意識
④コミュニケーションの意義や楽しさ

これらは、新「小学校学習指導要領」及びその解説「外国語活動・外国語編」に記されている、言語活動に関わる記載内容と一致しています。

また、京都府京都市立朱雀第二小学校は、言語活動の１つである Small Talk にフォーカスを当て、子供の発話を促す次の７つのポイントを導き出しました。

①言おうとしている子供に言葉を掛けて励ます。
②子供が言ったことを認め、くり返す。
③子供が言ったことに相づちや反応を返し、安心感を与える。
④子供がつまったときに、ヒントを出す。
⑤子供に様々な質問をする。
⑥子供の言った日本語表現を英語表現に替えて言う。
⑦子供の間違いを、さりげなく修正する。

教師が子供と Small Talk に毎回の授業で取り組むことで、子供の英語を使ってコミュニケーションを図ろうとする意欲と英語力の向上、教師の授業での英語使用量とその質（語句レベルから文発話等）の向上が成果として見られています。

このような例を参考にしながら、「言語活動」の適切な理解の下、全ての学校でこのような取組が展開されることが重要になります。

⑵ 「言語活動」の設定に際して留意すべきこと

言語活動を行うには、コミュニケーションを行う目的や場面、状況などの設定が欠かせず、それを子供と共有することが欠かせません。

また、コミュニケーションを行う目的や場面、状況などに応じて、どのような内容を相手や他者に伝えたらよいか、そのことを伝えるために、単元で慣れ親しんだ、あるいは既習の語句や表現から何を取捨選択したらよいかや、話すことの順などの工夫を子供が自分で考え、判断し、表現する場を設定することが重要です。さらに、話を聞く際に、その目的や場面、状況などに応じて、どのようなことを聞き取ればよいのか、どのような情報を得たらよいのかを考え判断し、得た情報を基に自身の考えなどを再構築することが求められます。

「小学校学習指導要領」及びその解説「外国語活動・外国語編」を熟読し、このようなことを意識して、言語活動を設定することが大切です。なお、このことは、学習評価における「思考・判断・表現」の観点の趣旨と大きく関わるので、評価について考える際のポイントとも重なることを念頭に置きましょう。

2 「言語活動を通して」求められる資質・能力を育成する

毎回の授業においても、単元終末の言語活動につながるような言語活動を設定し、子供が自分の考えや気持ちを伝え合うようにすることが大切になります。しかしながら、単元終末のみに言語活動を設定し、単元前半の授業では、相変わらず決められた表現を使った単なる反復練習を行うような授業は避けなければなりません。

単元全体の中の一部分だけでなく、毎時間の授業を（適切な理解に基づくポイントを踏まえた）言語活動にあふれた時間とする、すなわち、真に「言語活動を通して求められる資質・能力を育成する」ためにはどうしたらよいのでしょうか。

例えば、We Can! 1 Unit 6 “I want to go to Italy.” の第１時では、新しい語彙や表現について、まず視覚教材を活用し、表情やジェスチャーも交えて、教師が自分自身の本当の考えや気持ちを語り、その話に子供を巻き込んだやり取りを通して、子供に本単元で扱う新しい言語材料に出合わせます。教師の話す内容の概要を捉えていることを子供の様子から確認した上で、表２に示すようなやり取りを通して、先に出合わせた表現の使い方を実際に使わせながら、理解させていくのです。

T: I want to go to Oita.
K５, where do you want to go?
K５: 北海道。
T: Oh, you want to go to Hokkaido.
Good. I want to go to Oita.
K６, where do you want to go?
K６: 沖縄です。
T: OK, you want to go to Okinawa.
K５ wants to go to Hokkaido.
You want to go to Okinawa.
And I want to go to Oita.
（これを、この後数名の子供とくり返す）
K８, where do you want to go?
K８: I want to …
T: Good. You want to go to …?
K８: I want to go to Kyoto.
T: You want to go to Kyoto.
Very good. Once more, please.
Everyone, listen again.
K８: I want to go to Kyoto.
T: Great!（大げさに褒める）Everyone, K８ wants to go to Kyoto.
K９, where do you want to go?
K９: I want to go to Tokyo.
T: Great.
You want to go to Tokyo? Why?
Why do you want to go to Tokyo?
K９: 上野動物園のパンダが見たい。
T: 動物園 in English?
Ks: Zoo.
T: That’s right. Ueno Zoo.
K９さんは、パンダが見たいんだって。
英語でどう言えばいいかな。
Ks: 見るだから、see じゃないかな。
T: Good. I want to go to Oita. だから？
Ks: I want to see….
T: Good. I want to see?
Ks: Panda.
T: I want to see pandas in?
Ks: Ueno Zoo.
T: 初めから言ってみようか。
Ks&T: I want to see pandas in Ueno Zoo.
T: Very good.
K９, you want to go to Tokyo. Why?
K９: I want to see pandas in Ueno Zoo.
T: Excellent!

表２　教師と子供たちのやり取り例

ここでのポイントは、以下の２つです。

①子供が新しく出合う言語材料の意味が推測できるような場面設定をすること
②解説をするのではなく、実際に使わせる中で、その使い方を理解させていること

この後、子供たちにここまででどのようなことを学習しているかの確認を日本語で行った後、１人

の子供に全員で “Where do you want to go?” と尋ねるよう促し、質問の仕方の練習も取り入れた後、教師と子供で行ったやり取りを、子供同士で行わせます。もちろん、この段階では、十分な練習をしていないので、多くのペアがうまくいかないはずです。

そこで、この段階で、子供たちに困っていることはないかを尋ね、子供から「質問の言い方がよく分からない」という課題を引き出します。「では、その言い方をみんなで練習しよう」と呼び掛け、言い方が分からないから練習しようという必然性をもたせた上で練習をさせ、再度、相手を替えて取り組ませるのです。

このように、言語活動を通して、実際に英語を使わせながら、その使い方を理解させ使えるようにします。この一連の活動で、子供は、初めは単語でしたが、最後には文で自分の考えや気持ちを表現し、子供同士でやり取りをするのです。また、必要に応じて、教師は指導と練習を行っています。この練習のときでさえ、子供は自分の考えや気持ちを表現していることも大切にしたいところです。

3 高学年外国語科において「教科書」を子供の実態に合わせて活用する

冒頭で述べたとおり、今年度から高学年では、教科書を主たる教材として活用しながら授業を展開していますが、「どのように活用すればよいのか」という疑問の声をよく耳にします。まずは、これまでの高学年の外国語活動同様、子供の実態に合わせて活用することが前提となります。

どのように活用するかについては、岩手県山田町立豊間根小学校の研究実践が参考になります。この学校では、CAN—DO リスト形式の学習到達目標の作成及びその活用にフォーカスを当てて外国語科に取り組み、次の手順で、CAN—DO リスト形式の学習到達目標を作成しています。

STEP 1 ：学習指導要領に示されている目標と、各単元の題材、言語材料等使用する教材を照らし合わせる。
STEP 2 ：子供の実態を踏まえて、コミュニケーションを行う目的や場面、状況等を意識しながら単元のゴールとなる言語活動を決める。 ☞「話すこと［やり取り］」「話すこと［発表］」のどちらの領域をねらうか。 ☞ 決めた領域目標の項目（アイウ）のどれをねらうか。 ☞「聞くこと」「読むこと」「書くこと」の各領域別の目標の項目（アイウ）のどれをねらうか。 ☞ 他教科等の学習内容との関連を確認する。
STEP 3 ：領域別の目標全体を見て、年間のバランスや学期ごとのバランスを調整する。
STEP 4 ：年間指導計画を基に、CAN—DO リスト形式の学習到達目標一覧表に各単元の目標と単元名を入れ、最終調整をする。

これを基に子供に分かりやすい言葉で記したリストを作成し、活用させることで、教師と子供が単元の学習内容や既習表現を確認し、各学年末に目指す姿の共通理解を図り、2学年分の系統性やスパイラル形式の学習を見通すことができます。さらに、教科書に様々掲載されている活動の取捨選択やその順の並び替え、どのような活動をオリジナルで加えるかを検討する際に、これを活用するのです。ただ教科書に沿って授業をするのではなく、まず、子供に身に付けさせたい力を明らかにした上で、目標に向けて教科書を活用することが大切です。

必然性のあるやり取りを通して、コミュニケーションの楽しさを感じられる言語活動を！

NEW HORIZON Elementary 5／Unit 4

必然性のあるやり取りを大切に

子供が、興味・関心をもつことができる自分のことや身の回りのもののことを題材にし、事実だけではなく、自分の考えや気持ちなどを伝え合う場面を設定しましょう。また、決められた表現を使った単なる反復練習のようなやり取りではなく、相手の思いを想像し、内容や言葉、伝え方を考えながら、相手と意味のあるやり取りを行う活動を様々な場面設定の中で行うことが重要です。

相手意識をもったやり取りを大切に

例えば、やり取りの中で、I like ○○. と好きなものを子供が述べた際、教師は、You like ○○. I see. などと「受容」し、I like ○○, too. と「共感」し、さらには、I like △△, too. Do you like △△? と「問いかける」などして、単なる反復練習にすることなく、あくまでも必然性のあるやり取りの中で、表現に慣れ親しませ、コミュニケーションの楽しさを実感できるようにしましょう。

言語活動を行う上での留意事項

学校や地域行事、学級で取り組んでいること、子供の興味・関心は実態によって様々です。言語活動を行う際には、取り上げる題材や場面設定が自校や子供たちの実態に合ったものになっているかどうかに留意するようにしたいものです。目の前の子供たちの生活をよく見て、コミュニケーションを行う目的や場面、状況などを明確にして、より「本物」のやり取りになるように工夫することが大切です。

板書の
ポイント

子供たちのコミュニケーションを充実させる板書を！

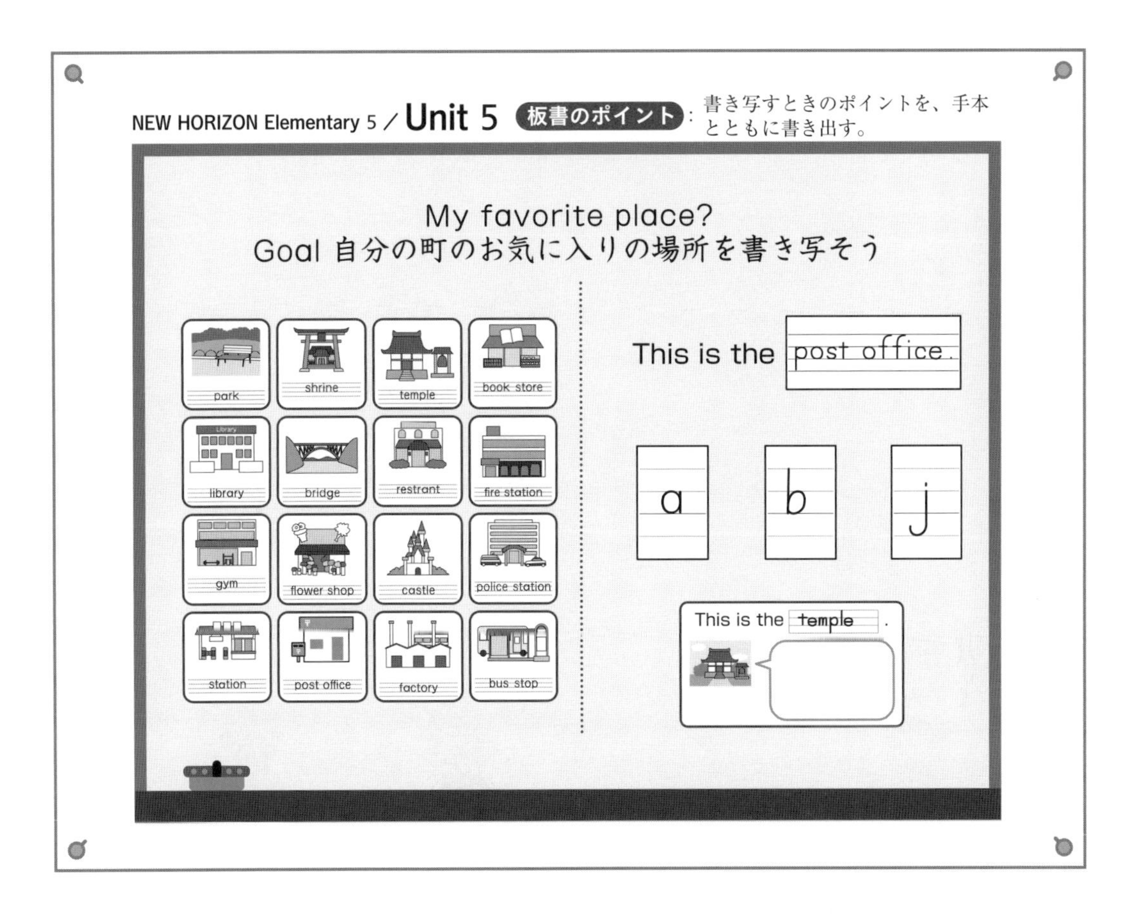

イラストや写真の活用、思考の可視化

気分を尋ねたり、答えたりする単元においては、感情や状態を表す語や表現を発話するだけでなく、それを表すイラストや実物、写真などを黒板に掲示する工夫が考えられます。また、教科書の紙面の拡大掲示や、子供たちの意見や成果物を多く掲示することで、互いを知り合い、コミュニケーションをより活性化させるツールとして板書を活用していきましょう。

電子黒板等、ICT 機器を活用する

電子黒板やテレビ等にパソコンを接続し、絵カードや歌、チャンツ、動画等を映し出すことで、子供の興味・関心を高めるようにしましょう。電子黒板では、部分的に大きく提示したり、画面に文字や線を書き込んだりしながら、子供に説明することも可能なので、ICT 機器のもつ特性を十分に生かしながら、効果的に活用していきましょう。

板書を活用する上での留意事項

外国語活動・外国語科では、言語活動を重視するため他教科等に比べて板書を使う機会は少ないですが、それは、音声によるコミュニケーションを重視しているからです。文字の指導においても、英文だけを板書して指示するような、文字を使って行う指導とならないよう注意する必要があります。あくまでも、板書は活動をより一層充実させるツールとして使用し、授業を活性化させていくことが大切です。

イラストで見る
全単元・全時間の授業のすべて
外国語　小学校５年

Unit **1**

Hello friends.

8時間　【中心領域】聞くこと、話すこと［やり取り］

単元の目標

互いのことをよく知り合うために、名前や好きなもの・ことなどについて、短い話を聞いてその概要が分かったり、伝え合ったりできる。また、アルファベットの活字体の大文字を書くことができる。

第1・2時	第3・4時
第1小単元（導入）	**第2小単元（展開①）**
自己紹介や好きなもの・ことなどについて、短い話を聞いて理解したり伝え合ったりする。	名前の綴りや、好きなもの・ことなどについて伝え合う。
1・2．名前や好きなもの・ことについて聞いたり伝え合ったりしよう①② ① **Small Talk** 本単元の題材を含めながら、教師の自己紹介をする。Starting Out のイラストの順を考える。 ② **Enjoy Communication** 本単元のゴールとなるやり取りを視聴し、見通しをもつ。 ③ **Let's Chant ①②** 名前や好きなことに慣れ親しむ。 ④ **Over the Horizon** Do you know? で姓と名について学ぶ。 ⑤ **Let's Watch and Think**	**3・4．名前の綴りや好きなもの・ことなどについて伝え合おう** ① **Small Talk** 名前の綴りや好きなもの・ことなどの表現に慣れ親しむ。 ② **Let's Listen 1** 登場人物の好き嫌いについて、予想したり答えたりする。 ③ **Let's Try 1・2** ワード・ゲームをする。好きなものを尋ね合う。 ④ **Let's Listen 2・Let's Try 3** 聞こえた名前を○で囲む。自分の好きな色と食べ物について考える。

本単元について

【単元の概要】

外国語科スタートの単元である。互いのことをよく知り合うために、名前や名前の綴り、好きなもの・ことについて伝え合うことをねらいとしている。

第5学年の学習のテーマは「日本に暮らすわたしたち」である。最初の授業では、中学年の外国語活動の学習を振り返るとともに、それらのことについても確認し、期待を膨らませたい。さらに、アルファベットの大文字の学び直しを行い、正しく書くことができるようにしていく学習も始まる。

【本単元で扱う主な語彙・使用表現】

《語彙》

スポーツ（soccer など）、学校（library など）、色（red など）、食べ物（pizza など）

《表現》

How do you spell your name?

《本単元で使う既習の語彙・表現》

I'm ～. My name is ～. I like ～.
What ～ do you like?

単元の評価規準

[知識・技能]：I'm 〜. How do you spell your name? My name is 〜. I like 〜. What 〜 do you like? 及びその関連語句などについて理解しているとともに、名前や好きなもの・ことなどについて、これらの表現を用いて、聞いたり伝え合ったりしている。

[思考・判断・表現]：互いのことをよく知るために、名前や好きなもの・ことなどについて、聞いたり伝え合ったりしている。

[主体的に学習に取り組む態度]：互いのことをよく知るために、相手の名前や好きなもの・ことなどについて、聞いたり伝え合ったりしようとしている。

第5・6時	第7・8時
第3小単元（展開②）	**第4小単元（まとめ）**
名前の綴りや、好きなもの・ことなどについて伝え合う。	自分の名前と好きなもの・ことをかいた名刺を作り、伝え合うとともに、英語と日本語との違いについて理解する。
5・6．名前の綴りや好きなことについて伝え合おう ① Who am I？クイズ ② Enjoy Communication Step 1 名刺カードに名前を書く。 ペアやグループ等で、互いの名前の綴りを尋ね合う。 ③ Enjoy Communication Step 2 紹介したい好きなもの・ことについて考える。 ペアやグループ等で、紹介したい好きなもの・ことについて尋ね合う。	**7．名刺交換をして、名前や好きなもの・ことを伝え合おう** ① Enjoy Communication Step 3 映像を視聴し、その後、名刺交換をする。 **8．英語と日本語を比べよう** ② Over the Horizon Challengeをモデルにやり取りをする。 ③ Over the Horizon ことば探検について考える。 ④ Over the Horizon 「日本のすてき」を視聴し、分かったことを書く。

【主体的・対話的で深い学びの視点】

本単元では、名前や好きなもの・こと等の表現が設定されている。自分のことをより分かってもらい、相手のことをより分かるためには、どのような内容や表現を用いたらよいかということを子供自身に考えさせていく。また、相手によって、伝えたい内容が異なることもある。これまで学んできた語彙や表現を用いて、自分のことを伝え、相手のことをよく知るための活動を充実させたい。

新学期が始まって間もないこの時期に、英語でやり取りをしたり、互いに新たな一面を知ったりすることを通して、よりよい学級づくりのきっかけとしたい。

【評価のポイント】

外国語科の最初の単元であるため、「聞くこと」については、学校生活における転校生との日常会話や自己紹介について簡単な語句や基本的な表現を聞き取っている姿を見取る。また、「話すこと［やり取り］」では、相手のことについて質問したり答えたりして伝え合っている姿を見取る。記録に残す場面においても、目標に向けて十分に指導を行う。「書くこと」については、目標に向けて指導を行うが、記録に残す評価は行わない。

第1時 名前や好きなもの・ことについて聞いたり伝え合ったりしよう①

本時の目標

自己紹介や好きなもの・ことなどについて聞いて、おおよその内容を理解したり伝え合ったりできる。

準備する物

- 月絵カード（掲示用）
- アルファベット大文字カード（掲示用）
- 振り返りカード

本時の言語活動のポイント

初めての外国語科の授業である。まずは、Small Talk で教師の自己紹介を行う。ポイントは、中学年で学んだ語彙や表現を積極的に用いて行うことである。そのためには、Let's Try 1・2で学んだ既習表現を把握しておくことが重要である。挨拶や好きなもの・こと、欲しいものやお気に入りの場所などを伝えながら、その都度、子供たちにも質問を投げかける。

その後、教科書 p. 1～8で教室英語も用いながら1年間の見通しをもたせる。

【「聞くこと」「話すこと［やり取り］」の指導に生かす評価】

◎本時では、記録に残す評価は行わないが、目標に向けて指導を行う。子供の学習状況を記録に残さない活動や時間においても、教師が子供の学習状況を確認することが大切である。初めて名前の綴りの尋ね方や答え方に出合う本時では、それらの表現をくり返し聞かせるようにする。

本時の展開 ▷▷▷

1 Small Talk（教師の自己紹介）→ 1 年間の学びの見通しをもつ

Small Talk で教師の「好きなもの・こと」などの自己紹介を行う。その際、子供たちにも「好きなもの・こと」について尋ねる。教科書 p. 1～8で「5年生のテーマ」や「学び方のステップ」を確認し、「学び方みいつけた 1」では、中学年の学びを振り返る。

2 Starting Out → Enjoy Communication（映像）

Starting out のイラストの内容を推測させた後、音声を聞かせ、聞こえた順に□に番号を書かせる。Starting out の B（No. 3）を再度聞いた後、Enjoy Communication（p.14）の映像（デジタル教材にある）を視聴させ、単元の見通しをもたせる。

2 Starting Out

活動のポイント：音声を聞かせる前に５つのイラストのストーリーを考えさせる。

3 Let's Chant ①②をする

Small Talk や Enjoy Communication の映像視聴等で聞いた「名前や好きなもの・こと」の表現について、Let's Chant ①②で慣れ親しむ。「字幕なし」で行い、聞くことに集中させる。チャンツの後は、慣れ親しんだ表現を用いて教師と子供でやり取りをする。

4 〈帯活動〉Sounds and Letters（A～Z）

大文字について学習する。文字の形と読み方の学び直しを行う。中学年で使用した「Let's Try 1」Unit 6 の "ABC Song" を歌ったり、大文字をランダムに提示して歌ったりして、文字の形と読み方を一致させる。ポインティング・ゲームを行ってもよい。

第2時 名前や好きなもの・ことについて聞いたり伝え合ったりしよう②

本時の目標

自己紹介や好きなもの・ことなどについて聞いて、おおよその内容を理解したり伝え合ったりできる。

準備する物

・月絵及び行事絵カード（掲示用）
・アルファベット大文字カード（掲示用）
・振り返りカード
・Small Talk に使う実物・写真

本時の言語活動のポイント

Let's Watch and Think のやり取りの映像を視聴させ、同年代の小学生について分かったことを記入させる活動を行う。しかし、それだけで終わっては、ただの聞き取りテストになってしまうので、言語活動につなげるために次のような活動を行う。

まずは、子供を登場人物になりきらせ、映像を視聴し教科書に書いた内容を基に、教師の質問に答えさせる。次に、同じ内容について、教師が子供を指名して質問をし、答えさせる。

【「聞くこと」「話すこと［やり取り］」の指導に生かす評価】

◎本時では、記録に残す評価は行わないが、目標に向けて指導を行う。子供の学習状況を記録に残さない活動や時間においても、教師が子供の学習状況を確認することが大切である。本時では、名前の綴りや出身地、好きなもの・ことを尋ねたり答えたりすることを十分に行わせる。

本時の展開 ▷▷▷

1 Let's Chant ①②をする

第１時で学んだ「名前や好きなもの・こと」の表現について、Let's Chant ①②で慣れ親しむ。本時でも「字幕なし」で行い、聞くことに集中させる。チャンツの後は、慣れ親しんだ表現を用いて教師と子供でやり取りをする。

2 Over the Horizon をする ～Do you know?～

「世界にはどんな姓と名があるかな？」と子供たちに問いかけ、Over the Horizon（p.16、17）の Do you know? を行う。アメリカのミドルネームやベトナムの中間名、姓と名の順番、クイズ「どんな意味かな？」を用いて、異文化への興味・関心を高める。

3 Let's Watch and Think をする

まずは、集中して数回聞かせる。その後、Q & A ごとに音声を止めて、書かせる等の工夫をする。そして、聞こえてきた英語を真似して言ったり、同じ内容で教師と子供でやり取りしたりする。

4 〈帯活動〉 Sounds and Letters（A～Z）

大文字について学習する。文字の形と読み方の学び直しを行う。中学年で使用した「Let's Try 1」Unit 6 の “ABC Song” を歌ったり、大文字をランダムに提示して歌ったりして、文字の形と音（名称読み）を一致させる。ポインティング・ゲームを行ってもよい。

第3時 名前の綴りや好きなもの・ことなどについて伝え合おう

本時の目標

名前の綴りや好きなもの・ことなどについて伝え合うことができる。

準備する物

・月絵カード（掲示用）
・アルファベット大文字カード（掲示用）
・振り返りカード
・Picture Dictionary

本時の言語活動のポイント

Let's Try 2で色、スポーツ、食べ物について、それぞれ何が好きかを教師や友達と尋ね合い、表に記入する。その際、教科書は机上に置き、何も持たずにやり取りさせる。

相手に尋ねるそれらの内容が教科書の表に示されているため、相手に尋ねたい内容をいくつかプラスして質問をさせることを大切にしたい。

【「聞くこと」の指導に生かす評価】

◎本時では記録に残す評価は行わないが、目標に向けて指導を行う。子供の学習状況を記録に残さない活動や時間においても、教師が学習状況を確認することが大切である。本時では、名前の綴りや好きなもの・ことなどについて十分に伝え合わせるようにする。

本時の展開 ▷▷▷

1 Small Talk → Let's Chant ①②をする

Small Talk後、これまで学んだきた「名前や好きなもの・こと」の表現について、Let's Chant ①②で慣れ親しむ。本時でも「字幕なし」で行い、聞くことに集中させる。チャンツの後は、慣れ親しんだ表現を用いて教師と子供でやり取りをする。

2 Let's Listen 1をする

音声を聞かせるだけではなく、聞く必然性を高める工夫が必要である。そのために、事前に登場人物の名前やスペルを確認し、「好き・嫌いなもの・こと」を予想させたり、最後のHiroshiでは、どう答えるかを英語で言わせてから聞かせたりする。

3 Let's Try 2

活動のポイント：教科書は机上に置き、何も持たずにやり取りをさせる。

■教師とのやり取り　■ペアでやり取り

3 Let's Try 1・2 をする

まずは、Let's Try 1 でワードゲーム（ポインティング・ゲーム）を行う。別冊の Picture Dictionary の p. 6～9 を用いて、色やスポーツ、食べ物などを扱うとよい。その後、Let's Try 2 で、好きなもの・ことを尋ね合い、表に書く。

4 〈帯活動〉Sounds and Letters ～直線のみの線対称の文字～

直線のみ線対称の文字（AHIMTVWXY）について学習する。それらの文字の読み方を確認しながら提示し、その共通点に気付かせた上で、より丁寧に書き取りを行う。書き順の目安として、デジタル教材の「アルファベットの書き方」を活用してもよい。

第4時 名前の綴りや好きなもの・ことなどについて聞いたり伝え合ったりしよう

本時の目標

名前の綴りや好きなもの・ことなどについて具体的な情報を聞き合ったり伝え合ったりすることができる。

準備する物

・月絵カード（掲示用）
・アルファベット大文字カード（掲示用）
・振り返りカード

本時の言語活動のポイント

Let's Try 3では、まず、教師が巻末絵カードのイラストについて、教師用の絵カードを用いて“What's this?”と確認しながら掲示していく。その際、子供と“Do you like ～?”“What ～ do you like?”とやり取りをしたり、自分の好きな色や食べ物などを“I like ～.”と言って紹介する。そして、子供のペア活動に移るようにする。

【「聞くこと」の記録に残す評価】
◎名前の綴りや好きなもの・ことなど、具体的な情報を聞き取っている。（知・技）〈行動観察・ワークシート記述分析〉
・Let's Listen 2で聞いている様子や教科書への記述から評価する。

本時の展開 ▷▷▷

1 Let's Chant ①②をする

これまで学んだきた「名前や好きなもの・こと」の表現について、Let's Chant ①②で慣れ親しむ。本時からは「字幕あり」で行い、自然と文字に慣れ親しませる。チャンツの後は、慣れ親しんだ表現を用いて教師と子供でやり取りをする。

2 Let's Listen 2をする

音声を聞き、聞こえた名前を○で囲む活動である。ただ音声を聞かせるだけでは、聞き取りテストになるため、工夫が必要である。前もって表の中から名前を探して、その後に、音声を聞くことで聞く必然性が高まる活動になる。

3 Let's Try 3

活動のポイント：ペアでやり取りをさせる前に、教師と子供で十分にやり取りを行う。

3 Let's Try 3 をする

まずは、I が「わたし」という意味を伝えた上で、○の中に、自分の似顔絵を描く。その際、似顔絵に時間をかけすぎないようにする。次に自分の好きな色と食べ物について、教科書 p.13の□に「巻末絵カード」を置きながら考えさせる。そして、子供同士で尋ね合わせる。

4 〈帯活動〉Sounds and Letters ～線対称ではない直線のみの文字～

線対称ではない直線のみの大文字（EFKLNZ）について学習する。それらの文字の読み方を確認しながら提示し、その共通点に気付かせた上で、より丁寧に書き取りを行う。書き順の目安としてデジタル教材の「アルファベットの書き方」を活用してもよい。

第5時 名前や名前の綴りを伝え合おう

本時の目標

名前の綴りについて尋ね合うことができる。

準備する物

・月絵カード（掲示用）
・アルファベット大文字カード（掲示用）
・振り返りカード

本時の言語活動のポイント

あらかじめ同僚の数名の教師から、好きなもの・ことの情報を集め、それをもとに Who am I? クイズを行う。

子供に好きなもの・ことを自由に質問させ、教師はそれに答える。子供が質問した内容についての情報がない場合は、“Sorry.” と答える。子供は、質問して分かったことをワークシートに記入する。いくつか質問をし、答えとなる教師の名前を書かせたら、最後に、“How do you spell your name?” と尋ねさせ、答えを確認する。

【「話すこと［やり取り］」の指導に生かす評価】

◎本時では、記録に残す評価は行わないが、目標に向けて指導を行う。子供の学習状況を記録に残さない活動や時間においても、教師が子供の学習状況を確認することが大切である。互いの名前の綴りを伝え合っている様子を観察し、気付いたことをメモしておく。

本時の展開 ▷▷▷

1 Let's Chant ①②をする

これまで学んだきた「名前や好きなもの・こと」の表現について、Let's Chant ①②で慣れ親しむ。本時も「字幕あり」で行い、自然と文字に慣れ親しませる。チャンツの後は、慣れ親しんだ表現を用いて教師と子供でやり取りをする。

2 Who am I ? クイズ →名刺カードに名前を書く

Enjoy Communication Step 1 名刺カードづくりと、名前の綴りを尋ね合う活動である。まずは、教師のデモンストレーションを見て活動の見通しをもつ。そして、教科書巻末の名刺カードに、丁寧に自分の名前を書く。必要に応じて、名刺カードを複数作成してもよい。

3 互いの「名前の綴り」を伝え合う ～ペアやグループ、歩き回って～

自分のことを伝え、相手のことをよく知る活動の一歩として、「名前の綴り」を尋ね合う活動を行う。まずは、ペアで行う。相手意識を大切にし、挨拶をしたり、ゆっくりはっきりと名前や綴りを尋ね合ったりする。名前の綴りを答える側は、相手に名刺カードを見せるようにする。

4 〈帯活動〉Sounds and Letters ～曲線と直線でできた大文字～

曲線と直線でできた大文字（BDGPQR）について学習する。それらの文字の読み方を確認しながら提示し、その共通点に気付かせた上で、より丁寧に書き取りを行う。書き順の目安として、デジタル教材の「アルファベットの書き方」を活用してもよい。

第6時 自分の好きなもの・ことなどを伝え合おう

本時の目標

名前の綴りや、好きなもの・ことなどについて尋ね合うことができる。

準備する物

・月絵カード（掲示用）
・アルファベット大文字カード（掲示用）
・振り返りカード

本時の言語活動のポイント

Enjoy Communication Step 2 で「好きなもの・ことを尋ね合う活動」を行う。

本活動を通して、自分の思いや考えを相手に分かりやすいように、ゆっくりはっきりと話すことの大切さについて、活動を通して気付かせていくようにする。

席の近くの友達とペアを変えながらくり返したり、教室を自由に歩き回ってやり取りをしたりする。教師はその様子を見取り、うまくやり取りできていない子供には、個別に手立てを講じることが大切である。

【「話すこと［やり取り］」の記録に残す評価】

◎名前の綴りや好きなもの、欲しいものなどについて尋ねたり答えたりして伝え合っている。
（知・技）〈行動観察・ワークシート記述分析〉
・子供が聞き取る様子やワークシートの記述を分析し、「知識・技能」について評価の記録に残す。

本時の展開 ▷▷▷

1 Let's Chant ①②をする

これまで学んだきた「名前や好きなもの・こと」の表現について、Let's Chant ①②で慣れ親しむ。本時は「音声なし」「字幕あり」で行い、自然と文字に慣れ親しませる。チャンツの後は、慣れ親しんだ表現を用いて教師と子供でやり取りをする。

2 紹介したい「好きなもの・こと」について考える

Enjoy Communication Step 2 は、好きなもの・ことを尋ね合う活動である。その準備として、学級の友達に紹介したい「自分の好きなもの・こと」を考える。そして、前時に名前を書いた名刺カードに、短時間で簡単に絵を描く。

3 紹介したい「好きなもの・こと」について伝え合う

活動のポイント：感想を一言付け加えたり、相手の言ったことをくり返したりして、相手意識を大切にしたやり取りを行う。

3 紹介したい「好きなもの・こと」について伝え合う

前時では、自分のことを伝え、相手のことをよく知る活動の一歩として、「名前の綴り」を尋ね合う活動を行った。本時では「自分の好きなもの・こと」を尋ね合う活動をペアやグループ等で行う。一言感想や相手の言ったことをくり返したり質問をしたりして、相手意識を大切にして行う。

4 〈帯活動〉Sounds and Letters ～曲線の多い大文字～

曲線が多い大文字（CJOSU）について学習する。それらの文字の読み方を確認しながら提示し、それらの共通点に気付かせた上で、より丁寧に書き取りを行う。書き順の目安として、デジタル教材の「アルファベットの書き方」を活用してもよい。

第7時 名刺交換をして、名前や好きなもの・ことを伝え合おう

本時の目標

自分の名前と好きなもの・ことを書いた名刺カードを作り伝え合うことができる。

準備する物

・月絵カード（掲示用）
・アルファベット大文字カード（掲示用）
・振り返りカード

本時の言語活動のポイント

Enjoy Communication Step 3の「名刺交換」では、「名刺交換」の際に、好きなもの・ことについてやり取りをする理由について考えさせる。それは、初対面の相手に自分のことを知ってもらい、相手のことをよく知るためである。そして、日常の日本語のやり取りで、共通の好きなもの・ことがあれば、「あっ、私も！」と喜んだり、相手の意外な一面を知り、「すご～い」と思わず反応したりすることについて確認する。それらの英語での表し方を考え、Me,too. や Good! などの反応を取り入れる。

【「話すこと［やり取り］」の記録に残す評価】

◎お互いを知り合うために、名前の綴りや好きなものなどについて尋ねたり答えたりして伝え合っている。（思・判・表）〈行動観察・ワークシート記述分析〉
・子供が聞き取る様子やワークシートの記述を分析し、記録に残す。

本時の展開 ▷▷▷

1 Let's Chant ①②をする

これまで学んだきた「名前や好きなもの・こと」の表現について、Let's Chant ①②で慣れ親しむ。本時は「音声なし」「字幕なし」で行う。チャンツの後は、慣れ親しんだ表現を用いて教師と子供でやり取りをする。

2 Enjoy Communication 3 映像を視聴する

映像を視聴し、活動の見通しをもつ。映像のやり取りは、１つの例にすぎない。よって、自分のことを伝え、相手のことをよく知るために、自分ならどんなことをやり取りしたいかを考えさせることが大切である。また、映像のやり取りのよさを見付けさせる。

3 名刺交換をする

活動のポイント：相手によって尋ねたい内容を変えるなど、本物のやり取りをする。

「自分のことを伝え、相手のことをよく知る」というコミュニケーションの目的を意識させていく。

3 Enjoy Communication 3 名刺交換をする

Enjoy Communication Step 3 の名刺交換をする。相手によって、尋ねたいことや伝えたい内容が変わることも考えられる。そのため、「自分のことを伝え、相手のことをよく知るために」という目的を意識させ、本物のやり取りをさせる。相手意識、目的意識を大切にして活動を行う。

4 〈帯活動〉Sounds and Letters ～大文字 BINGO ゲーム～

第１時から第６時までで26文字の書き方を学習してきた。まずは、それらの文字についてランダムに確認する。そして、教科書 p.92の BINGO（大文字）の16マスに、自由に大文字を書かせる。その後、BINGO ゲームを行う。

第8時 英語と日本語を比べよう

本時の目標

英語と日本語についての理解を深めることができる。

準備する物

- 月絵カード（掲示用）
- アルファベット大文字カード（掲示用）
- 振り返りカード

本時の言語活動のポイント

Over the Horizon（p.17）の Challenge をモデルにやり取りをする。

“I'm Taiyo. My family name is Suzuki.” という姓と名を丁寧に伝えるやり取りである。簡単なやり取りではあるが、これまでと表現が変わっているため、子供によっては難しい活動である。名字のことを My family name と表現することの意味について考えさせ、歴史ある自分の名字に誇りをもちながら伝えさせるようにしたい。

【「聞くこと」「話すこと［やり取り］」の指導に生かす評価】

◎本時では、記録に残す評価は行わないが、目標に向けて指導を行う。子供の学習状況を記録に残さない活動や時間においても、教師が子供の学習状況を確認することが大切である。

本時の展開 ▷▷▷

1 Over the Horizon をする Challenge

Oner the Horizon（p.17）の Challenge をモデルにやり取りをする。内容は、“I'm Taiyo. My family name is Suzuki.” という姓と名を丁寧に伝える自己紹介である。これに好きなもの・ことなど、相手に伝えたいことを入れながら、相手を変えてやり取りをする。

2 Over the Horizon をする ことば探険

まずは、英語の「I」に当たる、自分を表す日本語を教科書 p.16の空欄に記入する。次にそれらを発表し共有する。さらに、発表を聞いて、考えたことや気付いたことをメモ欄に記入し、伝え合う活動をする。

1 Over the Horizon：Challenge

活動のポイント：新たな表現に慣れ親しませてからペアでやり取りをする。

自己紹介に好きなもの・ことを加えることでより自分のことを伝えたいという想いを大切にする。

3 Over the Horizon をする 日本のすてき

映像を視聴し、日本で活躍している外国の方から学ぶことを伝える。映像の内容は、まとまりのある長い内容で、子供にとって難しい表現も含まれる。子供に負担感や苦手意識を与えないような配慮や工夫をし、子供の頑張りを称賛することを大切にする。

4 〈帯活動〉Sounds and Letters ～大文字 BINGO ゲーム～

第１時から第６時までに26文字の書き方を学習してきた。まずは、それらの文字についてランダムに確認する。そして、教科書 p.92の BINGO（大文字）の16マスに、自由に大文字を書かせる。その後、BINGO ゲームを行う。

第4時 Let's Listen 2

活動の概要

Let's Listen 2 には、縦８マス、横８マスの64のマスにアルファベットの大文字が記されている。音声を聞いて、そのアルファベットの大文字に隠されている名前を探し、○で囲むという活動を行う。この活動を行った後、教師があらかじめ作成した「学級の子供の名前で作成した学級オリジナルアルファベットカード」を用いた活動を行う。表の中から友達の名前を探したら、その友達に "How do you spell your name?" と尋ね、綴りを確認する。

活動をスムーズに進めるための３つの手立て

① Let's Listen 2
音声を聞く前に、教科書 p.13（Let's Listen 2）のマスから名前を探す。その後、音声を聞かせる。

②オリジナル教材
学級オリジナルのアルファベット文字の表の中から、友達の名前を探す。

③コミュニケーション
"How do you spell your name?" と尋ねられたら、ゆっくりはっきりと綴りを答える。

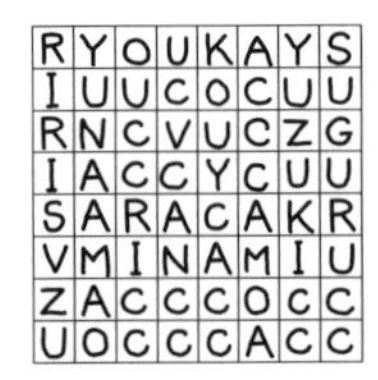

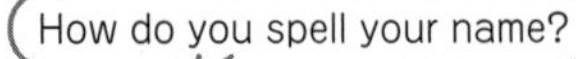

活動前のやり取り例

T　：Look at "Let's Listen 2". Please find names.
C１：「さくら」があるよ。
C２：「ひろし」もあった。
T　：Find the name you hear. Draw circles.
C３：これ「ルーカス」かな？
C４：「エミリー」もある！
T　：OK! Let's try! Let's Listen 2 .

活動前のやり取りのポイント

すぐに Let's Listen 2 の音声を聞かせるのではなく、先にアルファベット文字の表の中から、名前を探す活動を行うことで、自分の探した名前が当たっているかを確認するために音声を聞くという必然性が生まれる。デジタル教材の音声はスピード調整ができないので、教師が子供の様子を観察しながら一文字ずつ伝えてもよい。

活動のポイント

教師が作成した学級オリジナルのアルファベット文字の表を配布する。全ての子供の名前を入れるため、学級の人数によっては、数種類作成することになる。そのカードをランダムに配布し、名前を探して○で囲ませる。そして、その友達に“How do you spell your name?” と尋ね、綴りを確認していく。

メイン活動

活動後のやり取り例

TT　: Whose name did you have?
C 1 : りょうかさん！
　　R-Y-O-U-K-A　RYOUKA.
C 2 : りりさん！
　　R-I-R-I　RIRI.
C 3 : たくみさん！
　　T-A-K-U-M-I　TAKUMI.
C 4 : ゆきこ先生もあったよ！
　　Y-U-K-I-K-O　YUKIKO.

活動後のやり取りのポイント

活動をして終わりではなく、誰の名前が探せたかを全体で確認する。そして、その友達の名前の綴りを言わせたり、その友達に全員で “How do you spell your name?” と名前の綴りを確認したりする。

Unit 2

When is your birthday?

8時間　【中心領域】聞くこと、話すこと［やり取り］

単元の目標

お互いをよく知り合うために、相手の誕生日や好きなもの、欲しいものなど、具体的な情報を聞き取ったり、誕生日や好きなもの、欲しいものなどについて伝え合ったりするとともに、アルファベットの活字体の小文字を書くことができる。

第1・2時	第3・4時
第1小単元（導入）	**第2小単元（展開①）**
誕生日や欲しいものをやり取りするための語句や表現に慣れ親しむ。	誕生日や欲しいものについて尋ねたり、答えたりして、誕生日カレンダーを作る。
1・2．誕生月・日を尋ねたり答えたりしよう **① Small Talk** 本単元の学習内容を理解する。 **②誕生日の尋ね方や月の言い方に出合う** 誕生日の尋ね方や月の言い方を Chant やリズムでくり返し、慣れ親しむ。 **③誕生月について、友達とやり取りを行う** **④日にちの言い方を確認する** 友達と誕生日について伝え合う。 **⑤ Over the Horizon** Do you know? の世界の行事について聞く。その後、Starting Out を聞く。	**3．クラスの誕生日カレンダーを作ろう** **① Small Talk** 誕生日を尋ねたり答えたりする。 **② Let's Try 2** 誕生日チェインを作る。その後、友達と交流して、誕生日カレンダーを作る。教師とのやり取りを通して、欲しいものを尋ねたり、答えたりする表現に慣れ親しむ。 **4．誕生日に欲しいものについて尋ねたり答えたりしよう** **③ Let's Listen 1** **④ Let's Chant ②・Word Link** 欲しいものを尋ねたり答えたりする表現に慣れ親しむ。 **⑤友達と欲しいものについて伝え合う**

本単元について

【単元の概要】

本単元は、子供にとって身近な誕生日を題材として互いのことをよく分かり合うために、好きなものや欲しいものなどを伝え合うことをねらいとしている。本単元で扱う月日を意識する場面として行事や誕生日などが考えられる。また、日常生活の中でも耳にする機会が多いため、誕生日＝birthday ということを理解している子供も多い。そこで、本単元では、誕生日から月日の表現に出合い、その他の行事の月日を知り、欲しいものへと話題を進めていく。その中で、互いのことをよく分かるために、最終目標として、学級の誕生日カレンダーづくりや欲しいものを伝え合う活動を行っていく。

【本単元で扱う主な語彙・使用表現】

《語彙》

月（January など）、日付（first など）、身の回りのもの、状態（new など）、衣類（cap など）

《表現》

When is your birthday?/Christmas? It's 〜.
My birthday is 〜. What do you want for 〜?
I want 〜. This is for you. Here you are.
Thank you. Happy birthday.

《本単元で使う既習の語彙・表現》

曜日（Monday など）、スポーツ、動物など
Hello. Do you like 〜? Yes, I do./No, I don't.
What 〜 do you like? What day is it today?

単元の評価規準

［知識・技能］：I want ～.　Do you want ～?　What do you want?　When is your birthday? 及びその関連語句などについて、理解しているとともに、誕生日や好きなもの、欲しいものなどについて、聞いたり、伝え合ったりしている。

［思考・判断・表現］：お互いをよく知り合うために、自分や相手の誕生日や好きなもの、欲しいものなどについて具体的な情報を聞いたり、考えや気持ちなどを伝え合ったりしている。

［主体的に学習に取り組む態度］：お互いをよく知り合うために、自分や相手の誕生日や好きなもの、欲しいものなどについて具体的な情報を聞いたり、考えや気持ちなどを伝え合おうとしている。

第５・６時	第７・８時
第３小単元（展開②）	**第４小単元（まとめ）**
誕生日や欲しいものについて伝え合い、バースデーカードを作る。	バースデーカードをもとに誕生日や欲しいものを伝え合う。
５．友達と欲しいものなどについての話を聞いて、伝え合おう ① **Small Talk** 行事の日付について推測し、答える。教師とのやり取りを通して、行事で欲しいものについて尋ねたり、答えたりする。 ② **Let's Listen 2 ・Let's Try 4** 様々な活動を通して、友達とクリスマスや正月に欲しいものについて伝え合う。 **６．友達にバースデーカードを作ろう** **③質問に答える** 教師の質問に答えた後、動画を確認し、見通しを立てる。 **④バースデーカードを作る** ペアで誕生日や好きなもの、欲しいものなどについて伝え合い、バースデーカードを作る。	**７．バースデーカードを交換しよう** **①バースデーカードを使ってやり取りする** バースデーカードをもとに、誕生日や欲しいものについてペアで伝え合う。相手がカードをもらってよりうれしい気持ちになるやり取りについて考える。 **８．英語と日本語の違いを見付けよう** **②世界と日本を比べる** ローマ字と英語の違いに気付く。そして、言葉探検について考える。その後、日本のすてきを視聴し、分かったことを書く。

【主体的・対話的で深い学びの視点】

誕生日や好きなもの、欲しいものは子供が興味をもって取り組みやすい話題であり、友達同士でも伝え合いたくなる内容になっている。また、単元の中で作成する誕生日カレンダーの掲示をすることで外国語の学習が学級の雰囲気づくりや学級経営にもつながる。子供に、相手のことを知るだけでなく、自分のことをよく知ってもらうためにはどのようなことを、どのような既習表現を使って伝え合うとよいのかを考えさせる。また、中学年の外国語活動の学習を振り返り、表現以外にも相手と気持ちのよいやり取りをするための工夫（eye contact や smile 等）を意識させる。

【評価のポイント】

本単元では、「聞くこと」「話すこと［やり取り］」の２領域について記録に残す評価を行う。「書くこと」については、目標に向けて指導を行うが、記録に残す評価は行わない。「聞くこと」については、子供が Let's Listen などの活動でまとまりのある英文を聞き取っている様子や教科書等に記載している内容から評価を行う。「話すこと［やり取り］」では、子供がペアで伝え合う様子から評価を行う。

また、記録に残す評価をしない場面においては、評価場面でどの子供も「おおむね満足できる状況」となるよう、丁寧な指導を行うことが大切である。

第1時 誕生月を尋ねたり答えたりしよう

本時の目標

誕生月を尋ねたり答えたり、アルファベットの小文字を読んだりすることができる。

準備する物

- 児童用絵カード
- 振り返りカード
- 月の絵カード（掲示用）
- 大文字・小文字アルファベットカード（掲示用）
- デジタル教材

本時の言語活動のポイント

Small Talk で、教師が自分の誕生日や誕生日に欲しいものについて ALT との会話を行う。子供が推測しやすいよう、ジェスチャーなどを取り入れながら、会話を行う。その際に、教師と ALT との会話を何となく理解し、うなずいている子供に対して、同様の質問をし、教師と子供のやり取りへと広げていく。子供は、教師の会話の一部を自分自身のことに置き換えて発話しようとするが、本時では、単語だけでの発話も認め、次の活動につなげる意識をもたせることが大切である。

【「聞くこと」「話すこと［やり取り］」の指導に生かす評価】

◎本時では、記録に残す評価は行わないが、目標に向けて指導を行う。子供の学習状況を記録に残さない活動や時間においても、教師が子供の学習状況を確認する。本時では、初めて月の言い方や誕生日の尋ね方と答え方に出合うため、それらの表現をくり返し聞かせ、表現に慣れるようにする。

本時の展開 ▷▷▷

1 Small Talk（誕生日について）教師の会話を推測する

本単元での話題を提供するための活動である。教師と ALT で互いに誕生日プレゼントに何が欲しいのかという流れで誕生日を題材にすると、自然な流れとなる。“When is your birthday?” と子供に問いかけることで、次の活動へとつなげる。

2 誕生日の尋ね方や月の言い方に出合う（チャンツやリズム）

Small Talk の流れから新出表現の学習へとつなげる。誕生日の尋ね方と答え方を、When is your birthday? My birthday is ～. と教えるのではなく、教師と子供のやり取りを通して理解させる。

2 誕生日の尋ね方や月の言い方に出合う

活動のポイント：子供自身の課題から主体的な活動へとつなげる。

実際に教師と子供が、When is your birthday? My birthday is ～ . の表現を使ってやり取りをする場面である。当然、はじめは尋ねられても自分の誕生日を英語で答えることができない。そこで、教師は、“Who has your birthday in ～?” と月ごとに尋ね挙手した子供に、“When is your birthday?” と尋ね、子供の「５月 21 日です」という回答を “I see, your birthday is May 21st. My birthday is May 5th.” と丁寧に英語に置き換えながら、尋ね方と答え方を何度も聞かせる。これらの表現に慣れさせ、次の子供同士のやり取りにつなげていくことが大切である。

3 誕生月について友達とやり取りを行う

うまくやり取りができる子供は限られているという前提で、ペアでのやり取りを行う。１回目終了後、困ったことや言えないことを確認し、さらに工夫できる点はあるのかを聞くことで、単元を通して、やり取りの質を高めていくことができる。

4 Sounds and Letters ～小文字の読みの確認～

ここでは、小文字の読み（a～z）を確認する。はじめは、教師の読みに合わせて、ポインティング・ゲームを行う。次に、机上にカードを並べ、教師の言うカードを取る活動を行い、文字の字形と名前の理解を深める。

第2時 誕生日を尋ねたり答えたりしよう

本時の目標

誕生日を尋ねたり答えたり、アルファベットの小文字の形の違いに気付いたりすることができる。

準備する物

・児童用絵カード
・振り返りカード
・月日の絵カード（掲示用）
・デジタル教材

本時の言語活動のポイント

本時では、世界と日本の行事について理解する場面において、自分の誕生月にある世界の行事は何があるのか、どの行事が気になったかなどを教師とのやり取りの中で答える。自分の誕生日という身近な存在と世界の行事をつなぎ合わせることで、興味・関心が高まると考えられる。また、p.25の Challenge では、自分の月にある行事を伝えるだけでなく、好きな行事や気になる行事を発表することで、自分の思いを込めた活動とする。

【「聞くこと」「話すこと［やり取り］」の指導に生かす評価】

◎本時では、記録に残す評価は行わないが、目標に向けて指導を行う。子供の学習状況を記録に残さない活動や時間においても、教師が子供の学習状況を確認する。本時では、初めて日にちの言い方に出合うため、前時同様、誕生日の尋ね方や答え方の表現に十分に慣れ親しませることが大切である。

本時の展開 ▷▷▷

1 日にちの言い方に慣れ、誕生日について伝え合う

前時の復習を兼ねて、教師と ALT で誕生日のやり取りを行う。子供にも同様の質問を行い、日にちを答えるように促す。子供は、日にちを数字で答えることがあるため、教師が何度もくり返し発音し、数字と日にちの違いに気付かせるよう指導する。

2 Over the Horizon をする Do you know?（p.24、25）

Do you know? では、世界と日本の行事の比較を行う。また、体験してみたい行事を聞いたり、Let's Watch and Think で世界の行事が何月に行われるかを予想するクイズをしたりすることで、子供が思わず答えたくなる場を作る。

 板書のポイント：子供の気付きを視覚化し、全体で共有できるようにする。

Today's goal：誕生日について伝え合おう

1	2	3	4	5	6	7
8	9	10	11	12	13	14
15	16	17	18	19	20	21
22	23	24	25	26	27	28
29	30	31				

気づいたこと

日本語では、
1（いち）ではなく、1日（ついたち）
英語では、
1（one）ではなく 1st（first）

日にちについて気づいたこと
・野球の言い方と同じ。
・1の後には、stとついている。（11以外）
・2の後には、ndとついている。（12以外）
・3の後には、rdとついている。
・thがつく日にちが多い。

3 Starting Out の音声から、聞き取れたことを伝え合う

この活動では、聞こえた情報に焦点を当てる。まず、教科書のみを見せ、話の内容を予想させる。予想を全体で確認した後で、聞かせていく。日本語で予想をしている子供には、「英語だとどういうふうに言うのかな」と声をかけ、思考が働くような問いかけを行う。

4 Sounds and Letters ～形に注目して仲間分けしよう～

この活動では、アルファベットの小文字の名称を、リズムを使って確認する。大文字と比較し、形に注目した仲間分けをすることで、第3時以降の書く活動で形をより意識させることができる。子供が比較しやすいように、黒板には、大文字と小文字を並べて掲示する。

第3時 クラスの誕生日カレンダーを作ろう

本時の目標

友達の誕生日について尋ねたり答えたりするとともに、アルファベットの小文字を書くことができる。

準備する物

・デジタル教材
・振り返りカード
・大判カレンダー（月のみ表示）
・児童用カレンダー
・月日の絵カード

本時の言語活動のポイント

本時では、誕生日についてのやり取りを行う。活動の中で友達の誕生日を尋ねたい、自分の誕生日を言いたいと思わせる状況を作ることが大切である。そこで、誕生日チェインや誕生日カレンダーを作る。両方の活動で、機械的なやり取り（質問と答えだけのやり取り）にならないよう、くり返しや一言感想など、相手の発話に反応することを意識させることも大切である。

【「話すこと［やり取り］」の指導に生かす評価】

◎本時では、記録に残す評価は行わないが、目標に向けて指導を行う。子供の学習状況を記録に残さない活動や時間においても、教師が子供の学習状況を確認することが大切である。本時では、登場人物の誕生日について尋ねたり答えたりしている様子を観察する。

本時の展開 ▷▷▷

1 Let's Try 2 誕生日チェインを作る

Small Talk の流れからペアでやり取りを行わせる。その後、誕生日順に学級全体で円を作るように指示をする。交流を行う前に、子供に予想を立てさせ、円を作らせる。隣同士で確認のために “When is your birthday?” などを使って交流を行わせていく。

2 誕生日カレンダーを作る

ここでは、学級経営でも使用可能な子供たちの誕生日カレンダーを作成する。教師が “When is ○○'s birthday?” と問いかけ、本人や交流した子供に答えてもらう。くり返し行い、子供が慣れてきたら、問いかけも子供に行わせる。

1 Let's Try 2　誕生日チェインを作る

活動のポイント：くり返し伝えることで、交流の質を高める。

子供たちは、初めの交流では既習表現 When is your birthday? My birthday is ～. だけで会話を行うことが考えられる。そこで、交流の様子を見ながら、より質を高めるための声かけを行う。子供たちにくり返しや反応を意識させることが大切である。自分の誕生月と同じときに、Me, too. や OK！など、子供たちが使いやすい英語を教えることで会話の量が少しずつ増えていくことになる。また、ジェスチャーやスキンシップを意識させることで楽しく会話をさせていく。

3 Sounds and Letters (c,o,s,v,w,x,z)

教科書 p.88に記載されている一階建てなどを活用することで、子供の理解を促す。手順は、読みの確認・指なぞり・鉛筆なぞり・写し書きで行う。写し書きの際には、見本と同じように丁寧に書くことを伝える。書き順やポイントなどは、指導書を参考に行う。

4 本時の振り返りをする

めあてを確認し、振り返りを行わせることで、メタ認知を促していく。また、振り返りに悩む子供には、「友達と伝え合うことはできた？」「どう工夫したら上手く伝わるようになったのかな？」「次はどんなことを話してみたい？」など、具体的に声かけを行うとよい。

第4時 誕生日に欲しいものについて尋ねたり答えたりしよう

本時の目標

誕生日に欲しいものについて聞き取ったり、それらについて尋ねたり答えたりするとともに、アルファベットの小文字を書くことができる。

準備する物

・デジタル教材
・振り返りカード
・掲示用絵カード（衣類・状態）

本時の言語活動のポイント

教師の話やLet's Listenなどで聞き慣れた表現を自分の思いに合わせて変化させ、交流を行わせる。その際に、伝えたいがどう表現してよいか分からないという課題をもつ子供の存在を認めることが大切である。子供の課題を中間指導やChant、Word Linkで解消する。その後は、ペアを変えて交流させ、表現をくり返す場を設定することが大切である。

【「聞くこと」の指導に生かす評価】

◎本時では、記録に残す評価は行わないが、目標に向けて指導を行う。子供の学習状況を記録に残さない活動や時間においても、教師が子供の学習状況を確認することが大切である。本時では、登場人物の誕生日や欲しいものについて聞き取っている様子を観察する。

本時の展開 ▷▷▷

1 教師の話から推測する

これまで同様に教師とALTのやり取りから内容を推測させる。教師はALTとやり取りをしながら、子供にも話を振っていく。何度もやり取りをくり返す中で、What do you want? I want 〜. の表現に十分に慣れ親しませる。

2 Let's Listen 1 をする

鉛筆などを置かせ、音声に集中して聞ける環境を整える。登場人物を1人ずつ確認していき、聞き取れたことをペアや全体で確認する。最後のLucasだけ、先に答えを見せ、どのような表現をするのかを子供に考えさせることで、子供が主体的に予想して聞く活動となる。

2 登場人物の誕生日や欲しいものを聞いて、線で結ぶ

活動のポイント：主体的で思考を伴った聞く活動の工夫

各ページに配置されているLet's Listenに変化を付け、主体的かつ思考を伴うような活動にする。音声を聞かせる前に、子供にどんな表現が出てきそうかを問いかける。そうすることで聞き取りに不安のある子供も、本単元で学習する表現に焦点を当てながら聞くため、聞き取りやすくなる。

最後の登場人物の話を聞かせる前に、先に答えを見せる。そして、「英語でどう表現するといいのかな」と聞くことで、これまで学習してきた表現を生かして答えに合うような英文を主体的に考えることができる。子供の考えた英文とデジタル教材の内容が違ったときは、「○○さんの伝えていることと内容は同じだね」と、価値付けをし、次の活動への意欲につなげる。

3 Let's Try 3　友達と交流する Let's Chant ②・Word Link

活動に入る前に、友達同士で交流をさせる。その後、悩んだことなどを聞き、練習を行う。チャンツとWord Linkは、学級の実態に合わせて順番の入れ替えを行い、実施する。子供が尋ね方や答え方に悩んでいる場合は、チャンツを先に行う。練習後、再度交流する。

4 Sounds and Letters (a, e, u, m, n, r)

まず、読み方の確認と形に注目させる。今回は、一階建ての文字を書かせる。手順は、読みの確認・指なぞり・鉛筆なぞり・写し書きで行う。写し書きの際には、見本と同じように丁寧に書くことを伝える。書き順やポイントなどは、指導書を参考に行う。

第5時 友達と欲しいものなどについての話を聞いて、伝え合おう

本時の目標

相手のことをよく知るために、欲しいものなどについて聞いたり伝え合ったりし、アルファベットの小文字を書くことができる。

準備する物

・児童用絵カード　・振り返りカード
・デジタル教材
・行事・衣類・状態の絵カード（掲示用）
・Small Talk に使う実物・写真

本時の言語活動のポイント

本時の活動の中心は、各行事での欲しいものについてのやり取りである。子供には、自分が欲しいものを行事に合わせて考えるよう指示をする。

子供が家庭の事情により、行事ごとに欲しいものを手にできるわけではないことを踏まえ、「先生なら、〜の行事にはこんなものが欲しいな」と、まずは教師の欲しいものを紹介する。

【「聞くこと」「話すこと［やり取り］」の記録に残す評価】

◎相手のことをよく知るために、欲しいものについて短い話を聞いて、具体的な情報を聞き取っている／聞き取ろうとしている。（思・判・表）（態）〈行動観察・テキスト記述分析〉
◎欲しいものを伝え合っている。（知・技）〈行動観察〉
・Let's Listen や Let's Try での、子供の活動の様子やテキストの記述を分析し、評価の記録を残す。

本時の展開 ▷▷▷

1 Small Talk（行事の日付）教師とやり取りをする

教師と ALT で会話を行い、子供たちにも質問しながら、会話に巻き込むようにしていく。何度か質問をしながら、子供たちに身近なこどもの日や学校の運動会など、つい答えたくなるような話題にしていくことで主体的に取り組むよう仕掛けていく。

2 Let's Listen 2 登場人物の話を聞く

今回は、デジタル教材は使用せず、教師と ALT との会話を聞かせる。**1** の活動の教師とのやり取りの流れから、クリスマスと正月について会話をする。やり取りを聞かせた後で、教科書 p.21の表に行事と日付を書き込ませる。

3 行事で欲しいものを伝え合う

活動のポイント：何度もくり返し伝える中で、表現の正確性を高める。

友達との交流の中で、子供は欲しいものを伝える活動を何度もくり返し行っていく。しかし、ペア活動をさせているだけでは、間違った表現のまま伝え合いをしてしまう子供もいる。教師は、事前に表現の中で子供がつまずきそうな点を予想しておき、机間指導を行う。そうすることで、子供のつまずきに素早く反応し、正しい英語の表現で伝え合いをさせることができる。

今回のやり取りでは、want の後に a/an を付け忘れることが考えられる。そこで、教師は、子供の発話を a/an の部分を意識しながら訂正し、くり返す。そのやり取りを何度かくり返す中で、「伝え合うときに気を付けることは何かな？」などと問いかけを行い、子供たち自身が want の後に a/an を付けることに気付くような仕掛けをする。

3 Let's Try 4 行事で欲しいものを伝え合う

Let's Listen 2 で聞いた行事に関連して、ペアで尋ね合わせる。本活動では、子供が I want ～. と want の後に、a/an を付け忘れることが予想される。文法指導を行わず、さりげなく正しい言い方でくり返すようにする。

4 Sounds and Letters (f, h, l, k, l, t, g, y, j)

まず、読み方の確認と形に注目させる。今回は、上記の文字を書かせる。手順は、読みの確認・指なぞり・鉛筆なぞり・写し書きで行う。写し書きの際には、見本と同じように丁寧に書くことを伝える。書き順やポイントなどは、指導書を参考に行う。

第6時 友達にバースデーカードを作ろう

本時の目標

自分のことを伝えたり、相手のことを知ったりするために、誕生日や欲しいものについて伝え合い、バースデーカードを作ることができる。

準備する物

・バースデーカード（大判・児童用）
・振り返りカード
・Picture Dictionary（児童用）
・月日の絵カード（掲示用）
・デジタル教材

本時の言語活動のポイント

本時では、バースデーカードを作るという目的をもって、誕生日についてのやり取りを行わせる。カードを作る際に必要な情報を考え、それに合った質問を互いに行うことで、意味のあるやり取りとなる。

本時のやり取りでは、How do you spell your name? など、既習表現も使用することができるため、机間指導をしながら、個別に声掛けをするなどしてもよいだろう。

【「話すこと［やり取り］」の記録に残す評価】

◎お互いをよく知り合うために、誕生日や欲しいものなどについて尋ねたり答えたりして伝え合っている／伝え合おうとしている。（思・判・表）（態）〈行動観察〉
・誕生日などについてのやり取りの様子を観察し、評価の記録を残す（第７時でも評価する）。

本時の展開 ▷▷▷

1 教師とやり取りする（友達の誕生日について）

導入として、これまでに学習してきた既習表現でのやり取りを行う。学級で作成した誕生日カレンダーを使い、教師が “When is ○○ *san*'s birthday?” と子供たちに質問する。子供たちは、カレンダーを見ながら、その子供の誕生日を答える活動を行う。

2 p.22の通し動画を確認し、誕生日について伝え合う

動画の確認後、カードを作るために必要なやり取りや、互いに気持ちよくなるやり取りの工夫について考えさせ、ペアでのやり取りに活用させる。そうすることで、伝えたいことに加え、相手意識をもったやり取りを行うことにつながる。

 板書のポイント：子供たちの発言を視覚化し、伝え合いの質を高める。

Today's goal：やり取りをして、友達の情報を聞き取ろう

自分の思いをこめて伝えよう！

HAPPY BIRTHDAY

From Naoki　5/27

To Yoko

いつも親切に
分からないことを
教えてくれて
ありがとう。

カードを作るには…
○名前（つづり）
○誕生日
○欲しいもの
どんな英語で聞く？

気持ちのよいやり取りをするには……
○はっきりと話す。
○目を見て話す。
○笑顔でやり取りする。
○ジェスチャーを使う。
○渡すときに一言伝える。
○お礼を言う
○ハイタッチなどをする。

Sounds and Letters
（b、d、p、q のカードを掲示しておく）

3 バースデーカードを作る

伝え合いを行った後に、相手のバースデーカードを作成する。名前を書く際には、Sounds and Letters での書き方を参考にさせるとこれまでの学習とのつながりが生まれる。メッセージも書くことで、自分の思いを込めて、伝えることができる。

4 Sounds and Letters (b, d, p, q)

まず、読み方の確認と形に注目させる。今回は、上記の文字を書かせる。手順は、読みの確認・指なぞり・鉛筆なぞり・写し書きで行う。写し書きの際には、見本と同じように丁寧に書くことを伝える。書き順やポイントなどは、指導書を参考に行う。

第7時 バースデーカードを交換しよう

本時の目標

誕生日や欲しいものについて伝え合うとともに、アルファベットの小文字を書くことができる。

準備する物

- 児童用バースデーカード
- 振り返りカード
- バースデーカード２枚目（児童用）
- デジタル教材

本時の言語活動のポイント

本活動は、これまでの学習のまとめとなる。カードを交換する際に、既習の表現を生かすことはもちろん、どのようなやり取りが自分や相手にとって気持ちよいのかを考えさせることが大切である。全体でカード交換の手順を確認することはせずに、ペアでどのようにやり取りをするかを考えさせる。そうすることで、相手意識をもち、やり取りの仕方を考えながら活動していくだろう。

【「話すこと［やり取り］」の記録に残す評価】

◎お互いをよく知り合うために、誕生日や欲しいものなどについて尋ねたり答えたりして伝え合っている／伝え合おうとしている。（思・判・表）（態）〈行動観察〉

・誕生日についてのやり取りを観察し、評価の記録を残す（第６時でも評価する）。

本時の展開 ▷▷▷

1 バースデーカードを交換する

本時は、単元のまとめの活動である。前時に作成したカードを使用し、やり取りを行っていく。やり取りに入る前に、教師とのやり取りやチャンツを通して、本時に使用する表現に触れておくとよいだろう。

2 お互いがうれしい気持ちになるやり取りをする

ここでは、カードのやり取りの際に、どのようにするとお互いがよい気持ちになれるかを考えさせる。表情や一言付け加えるなど、工夫ができることに気付かせていく。その後、別の子供とペアを組み、伝え合い、カードを作成し交換する。

1 バースデーカードを交換する

活動のポイント：思考しながら、やり取りを行わせる。

これまでに聞いたり、話したりして慣れ親しんできた表現を生かし、誕生日や欲しいものについてのやり取りを行う。教師は、「相手とやり取りをして、カードの交代をしましょう」とだけ伝える。やり取りの内容について、子供に任せることで、相手とやり取りするためにどんな表現を使うのかをそれぞれが考えることになる。1回目のやり取りを行った後に、プレゼント交換をしたペアで、活動の振り返りを行う。カードを交換する際に必要なやり取りは、何があるのか、お互いにうれしい気持ちになるには、どんな工夫ができそうかを考え、2回目の活動を行う。

3 振り返りをする

これまでに学んできた表現を相手に伝えることができたか、友達と交流をして新たな発見はあったか、今後も活用できそうな気付きや学びはあったかなどを書かせることで、次の単元へとつなげていく。

4 Sounds and Letters ～小文字 BINGO～

まず、読み方の確認と形に注目させ、文字を読んでいく。書き順やポイントなどは、指導書を参考に行う。文字を選ぶ際には、子供に質問し（"When is your birthday?" など）子供の答えから文字を選ぶなどやり取りをしながら行うことで、本単元の学びを活かせる。

第8時 英語と日本語の違いを見付けよう

本時の目標

日本語と外国語の文字表記の仕方の違いに気付くとともに、アルファベットの小文字を書くことができる。

準備する物

・児童用絵カード
・振り返りカード
・デジタル教材
・Small Talk に使う実物・写真

本時の言語活動のポイント

これまでの Small Talk では、教師と子供のやり取りが主だったが、今回は、子供同士でのやり取りも行わせる。本来第6学年での実施になっているが、単元末ということもあるため、発展的に取り組ませる。子供は、好きな月とその理由について考え、互いにやり取りをする。教師が机間指導をしながら、理由を聞くなどして、会話を深めるようサポートしていく。

【「聞くこと」の指導に生かす評価】

◎本時では、記録に残す評価は行わない。「日本のすてき」を活用して、子供がまとまった内容について聞き、外国語の短い話の内容を捉えようとする意欲を高める。

本時の展開 ▷▷▷

1 Small Talk（既習表現を使って）をする Talking time

導入として、既習表現を生かしたやり取りを教師と子供たちで行う。何度か質問をくり返した後、学級の実態に応じて、子供同士での Small Talk を行わせてもよいだろう。１回目と２回目の間に、中間指導を入れることで、質の向上を図る。

2 ことば探検について考える

教師と ALT がケーキの発音についてのやり取りを行う。その後、文字にして表し、keki と cake では、読み方が変わることに気付かせていく。プレゼントに関しても同様に行う。子供たちに、なぜローマ字が必要なのかを考えさせることで、違いに気付かせていく。

 板書のポイント：子供たちの発言を整理し、ローマ字と英語の違いをまとめる。

文字表記の板書（左側のみ）
＊板書右には、「日本のすてき」について書くとよいだろう。

Today's goal
世界と日本を比べてみよう

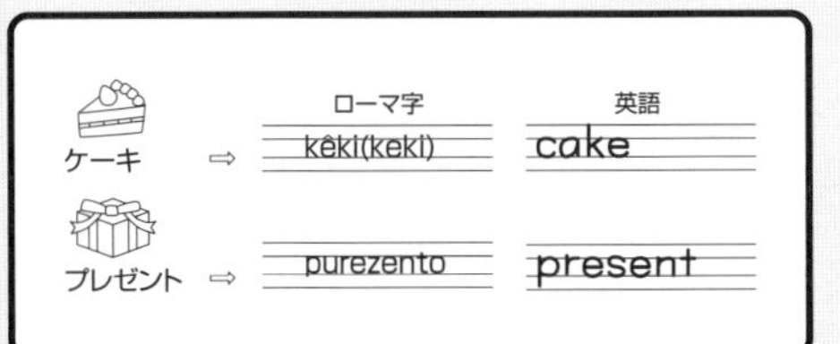

なぜ、書き方が違うのか？
ローマ字は、日本語を海外の人に
読ませるために作られた。

ローマ字 → 日本語 ○
英語 ×

指導のポイント

この活動を行う際に、ALT とのやり取りが重要になる。ケーキを【keki】と【cake】で表すことで、発音の違いに気付かせる。そこから、なぜローマ字が必要なのかを考えさせることで、ローマ字と英語の違いに気付かせていく。

ローマ字は英語ではなく、日本語ということをしっかりと子供に認識させることで、中学校での発音などの学習ともつながっていく。違いに気付くためには、ローマ字がどんなとき、どんな場所で使われるのかを考えることも有効である。

3 「日本のすてき」を聞き、聞き取れた英語から内容を推測する

ここでは、まとまった内容の聞かせ方を工夫する必要がある。まず、映像のみを見せ、推測させる。次に、音声を聞くことで、より音声に意識をもって、聞かせることができる。また、聞き取れた内容をみんなで共有してから、再度確認として聞くのもよい。

4 Sounds and Letters 〜小文字 BINGO〜

まず、読み方の確認と形に注目させ、文字を読んでいく。書き順やポイントなどは、指導書を参考に行う。文字を選ぶ際には、子供に絵カードを引かせるなどして、やり取りを交えながら行うとよいだろう。

本単元の Key Activity

Small Talk

活動の概要

第 1 時の導入で行う活動である。本単元の活動内容に関わる表現を使用し、教師と ALT がやり取りを行っていく。子供が会話の内容を推測し、本単元の目標を理解できるよう、会話のやり取りに加え、ジェスチャーなども取り入れていく。また、一方的に話すのではなく、会話の流れから子供にも質問し、巻き込んでいくようにする。子供が自然に英語に触れながら、本単元の内容を理解したり、活動に興味をもてるようにしていく。

活動をスムーズに進めるための 3 つの手立て

①挨拶
Hello, how are you? など既習の表現を使い、挨拶を交わす。

② Small Talk
教師と ALT で単元で使用する表現を交えた会話を行う。

③子供とのやり取り
②の会話の流れから、子供へ簡単な質問を行い、会話へ参加させていく。

活動前のやり取り例

T：Hello, how are you?　　A：I’m happy.
T：Why?　　A：Because my birthday is in June.
T：Oh, your birthday is in this month, June.
　When is your birthday?
A：My birthday is in June 17th.
T：Today is June 15th. Wow, soon you have your birthday.
　What do you want for your birthday?
A：I want a new watch.

活動前のやり取りのポイント

教師と ALT で、挨拶の流れから誕生日につながるような会話を行う。子供にとって、バースデー・プレゼントといった日常的に耳にする言葉を、意識的に会話の中で使用することで、内容を推測しやすくすることが大切である。教師や ALT の誕生日が遠い場合には、欲しいものの話から、誕生日へとつなげてもよいだろう。

活動のポイント

活動前のやり取りの流れから、教師と子供とのやり取りを行う。誕生日や欲しいものについて、子供たちが英語で返答できないときは、子供の発言を、教師が英語でくり返し何度も聞かせることで、本時で学習する内容を理解するとともに、表現に対して慣れ親しませていく。本活動では、本単元の内容をしっかりと理解した上で、誕生日や欲しいものを英語で表現したいと思わせることが大切である。

活動後のやり取り例

T　：When is your birthday ?
C1　：M….May?
T　：Nice! Your birthday is in May. みなさん、この単元ではどんな学習をしますか？
C2　：誕生日とか、欲しいものについて伝える。
T　：そうだね。この単元では、誕生日や欲しいものを友達に伝えます。
T　：伝えるためには、どんな表現を言えるようになったらいいかな？
C3　：自分の誕生日を言えるようにする。
C4　：月の言い方や欲しいものを言えるようにする。
T　：そうだね。では、今日は、誕生日の月の言い方から学習していきましょう。

活動後のやり取りのポイント

活動後のやり取りでは、子供が推測した内容から本単元で何を学習するのか、見通しをもたせ、学級全体での共通確認をする。学習内容を全体で確認した後、やり取りを通してどんな表現が必要かを子供に考えさせる。そうすることで、語句の練習や友達とのやり取りに向けた活動に意欲をもたせ、主体的に取り組めるようにする。

Unit
3 What do you want to study?

（8時間）【中心領域】聞くこと、話すこと［発表］

単元の目標

互いのことをよく知り合うために、学びたい教科や就きたい職業について、具体的な情報を聞き取ったり紹介したりすることができるとともに、アルファベットの活字体の大文字・小文字を書くことができる。

第1・2時	第3・4時
第1小単元（導入）	**第2小単元（展開①）**
学びたい教科や就きたい職業についてのやり取りのおおよその内容を理解するとともに、英語と日本語との違いを知り、世界と日本について理解を深める。	学びたい教科やなりたい職業について伝え合う。
1・2．教科や職業に慣れ親しもう ① Small Talk 本単元の題材（学びたい教科や就きたい職業）を知る。 ② Enjoy Communication 本単元のゴールとなるやり取りを視聴し、見通しをもつ。 ③ Let's Sing “What do you have on Mondays?” ④ Let's Try 1 教科・職業の言い方に慣れ親しむ。 ⑤ Oner the Horizon（p.32） ことば探険で職業を表す語について知る。 ⑥ Let's Chant ①② 学びたい教科や就きたい職業の言い方に慣れ親しむ。 ⑦ Let's Watch and Think を線で結ぶ	**3・4．教科や職業について尋ね合おう** ① Let's Sing ② Starting Out イラストの内容を推測する。 ③ Let's Listen 1 曜日や教科の言い方を確認し、クイズをする。 ④教師の自己紹介①を聞く。 ⑤ Let's Try 2 学びたい教科をペアで伝え合う。 ⑥ Let's Listen 2 学びたい教科や就きたい職業を聞き取る。 ⑦教師の自己紹介②を聞く。 ⑧ Let's Try 3 教師がモデル会話を見せた後、就きたい職業について、尋ね合う。

本単元について

【単元の概要】

Unit 1 では、名刺交換を通して、名前や好きなもの・ことについて伝え合い、Unit 2 では、誕生日や欲しいものを尋ね合い、バースデーカードを交換してきた。本単元 What do you want to study? では、学びたい教科や就きたい職業について、伝え合ったり、スピーチしたりすることをねらいとしている。そのために、「夢の時間割」を作成し、学びたい教科や就きたい職業について紹介する。また、世界の授業などについて考え、世界と日本の文化に対する理解を深めていく。

【本単元で扱う主な語彙・使用表現】

《語彙》

教科（English など）、職業（artist など）

《表現》

What do you want to study? I want to study ～.
What do you want to be? I want to be a ～.

【本単元で使う既習の語彙・表現】

天気（sunny など）、曜日（sunday など）、気分（fine など）、How is the weather today?
What day is it today?
What subject do you like?

単元の評価規準

[知識・技能]：What do you want to study? I want to study ～. What do you want to be? I want to be ～. 及びその関連語句などについて、理解しているとともに、学びたい教科や就きたい職業などについて、これらの表現を用いて、聞いたり話したりしている。

[思考・判断・表現]：自分のことを伝え、相手のことをよく知るために、学びたい教科や就きたい職業などについて、聞いたり話したりしている。

[主体的に学習に取り組む態度]：自分のことを伝え、相手のことをよく知るために、学びたい教科や就きたい職業などについて、聞いたり話したりしようとしている。

第５・６時	第７・８時
第３小単元（展開②）	第４小単元（まとめ）
世界の授業について考え、世界と日本についての理解を深めるとともに、学びたい教科や就きたい職業について尋ね合う。	「夢に近づく時間割」を作って、学びたい教科や就きたい職業について紹介する。
５．世界の授業を知り、学びたい教科を尋ね合おう **① Over the Horizon** Do you know? で世界の授業について考える。 **② Over the Horizon** Challenge をモデルにやり取りをする。 **６．学びたい教科や就きたい職業を尋ね合おう** **③ Enjoy Communication（Step１）** 学びたい教科を伝え合う。 **④ Enjoy Communication（Step２）** 就きたい職業を伝え合う。	**７・８．「夢の時間割」を紹介しよう①②** **① Enjoy Communication（Step３）** Let's Chant ①②を行った後、映像を視聴する。 **②「夢に近づく時間割」を紹介する①** **③「夢に近づく時間割」を紹介する②** 作成したカードを活用して、４～６名程度のグル　プで時間割の紹介を行う。 **④ Over the Horizon** 「日本のすてき」を視聴し、分かったことを書く。

【主体的・対話的で深い学びの視点】

いろいろな教科や職業に慣れ親しみ、好きな教科やあこがれの職業を伝え合うこともできるが、本単元では、「就きたい職業に近づくための学びたい教科」を伝え合ったり、スピーチしたりすることがねらいである。そのことを前提に伝えたいことを考えさせることが大切である。

【評価のポイント】

外国語科において、初めて「話すこと［発表］」を評価する単元である。夢に近づく時間割を作成し、就きたい職業について紹介する活動を通して、「互いのことをよく知り合うために、学びたい教科や就きたい職業などについて、お互いの考えや気持ちなどを話している」姿から「知識・技能」「思考・判断・表現」「主体的に学習に取り組む態度」の３観点で見取っていく。また、「書くこと」については、目標に向けて指導を行うが、記録に残す評価は行わない。

第1時 教科に慣れ親しもう

本時の目標

学びたい教科や就きたい職業についてのやり取りのおおよその内容を理解することができる。

準備する物

・教科絵カード（掲示用）
・アルファベット大文字・小文字カード（掲示用）
・振り返りカード

本時の言語活動のポイント

本単元の話題を提示する Small Talk である。教師が子供の頃に就きたかった職業や、好きだった教科などの話題から、「学びたい教科や就きたい職業」について話を進めていく。

まずは、保育所や幼稚園の頃に就きたかった職業を伝える。次に小学校に入って、好きだった教科を伝える。そして、中学校の頃に就きたい職業を伝え、なりたい職業を実現させるために学びたくなった教科について伝える。このように、時系列で伝えることにより、子供が推測しやすくなる。

【「聞くこと」「話すこと［発表］」の指導に生かす評価】

◎本時では、記録に残す評価は行わないが、目標に向けて指導を行う。子供の学習状況を記録に残さない活動や時間においても、教師が子供の学習状況を確認することが大切である。本時では、学びたい教科や就きたい職業を尋ねたり答えたりする表現をくり返し聞かせるようにする。

本時の展開 ▷▷▷

1 Small Talk をする → Enjoy Communication 映像視聴

教師が子供の頃の設定で「学びたい教科や就きたい職業」を題材に Small Talk を行う。次に Enjoy Communication（p.30）の映像（デジタル教材にある）を視聴させ、単元の見通しをもたせる。

2 Let's Sing をする “What do you have on Mondays?”

Let's Sing “What do you have on Mondays?” を行う。「字幕なし」で行い、聞くことに集中し、歌の内容について考えさせる。数回くり返し聞かせ、初めて聞く教科の言い方を確認し、**3** の Let's Try 1 につなげる。

3 教師とのやり取り

活動のポイント：絵カードで教科の言い方を確認した後、Picture Dictionary（p.24）でポインティング・ゲームをする。

3 Let's Try 1 （教科の言い方）→ Let's Sing をする

絵カードで各教科等の言い方を確認したり、別冊の Picture Dictionary（p.24）を用いてポインティング・ゲームをしたりして、教科の言い方に慣れる。その際、What subject do you like? を用いてやり取りをさせる。その後、再度 Let's Sing を行う。

4 〈帯活動〉Sounds and Letters ～形の似ている大文字～

本時では、形の似ている大文字（CG, EF, OQ PR, UV, SZ, MN, BD, VW）を扱う。まずは、教科書（p.90）で大文字の読み方を確認する。次に、どこが違っているかを注意深く見て確認する。その後、違いを比較しながら文字を丁寧に書く。

第2時 学びたい教科や就きたい職業に慣れ親しもう

本時の目標

教科や職業についてのやり取りのおおよその内容を理解するとともに、英語と日本語との違いを知り、世界と日本について理解を深めることができる。

準備する物

・教科絵カード（掲示用）
・職業カード（掲示用）
・振り返りカード

本時の言語活動のポイント

2 の Let's Try 1 でいろいろな職業を提示し、その言い方に慣れ親しむ活動を行う。

その際、絵カードを提示し、その言い方を教えるだけの活動ではなく、教師がその職業を 3 ヒント・クイズやジェスチャー・クイズで、「それを英語ではどのように表現するのか」ということを考えさせたい。例えば、獣医の vet ならば、animal doctor という発想が生まれるであろう。また、Over the Horizon（p.32）のことば探検にある -er./-ist. で終わる職業を表す語が多いことや、その仲間分けについても気付かせたい。

【「聞くこと」「話すこと［発表］」の指導に生かす評価】

◎本時では、記録に残す評価は行わないが、目標に向けて指導を行う。子供の学習状況を記録に残さない活動や時間においても、教師が子供の学習状況を確認することが大切である。本時では、学びたい教科や就きたい職業を尋ねたり答えたりする表現をくり返し聞かせるようにする。

本時の展開 ▷▷▷

1 Let's Sing をする → Let's Chant ①（学びたい教科）

Let's Sing "What do you have on Mondays?" を「字幕なし」で行う。その後、教師と子供で "What subject do you like?" のやり取りをする。さらに、学びたい教科のやり取りをし、Let's Chant ①を行う。そして、数名とそのやり取りをする。

2 Let's Try 1（いろいろな職業）をする → Over the Horizon（ことば探検）

3 ヒント・クイズやジェスチャー・クイズでいろいろな職業を当てる。その際、Over the Horizon（p.32）のことば探検の内容についても関連させる。語彙を提示した後は、ポインティング・ゲームなどを行う。

 板書のポイント：気付きを吹き出しで書く。

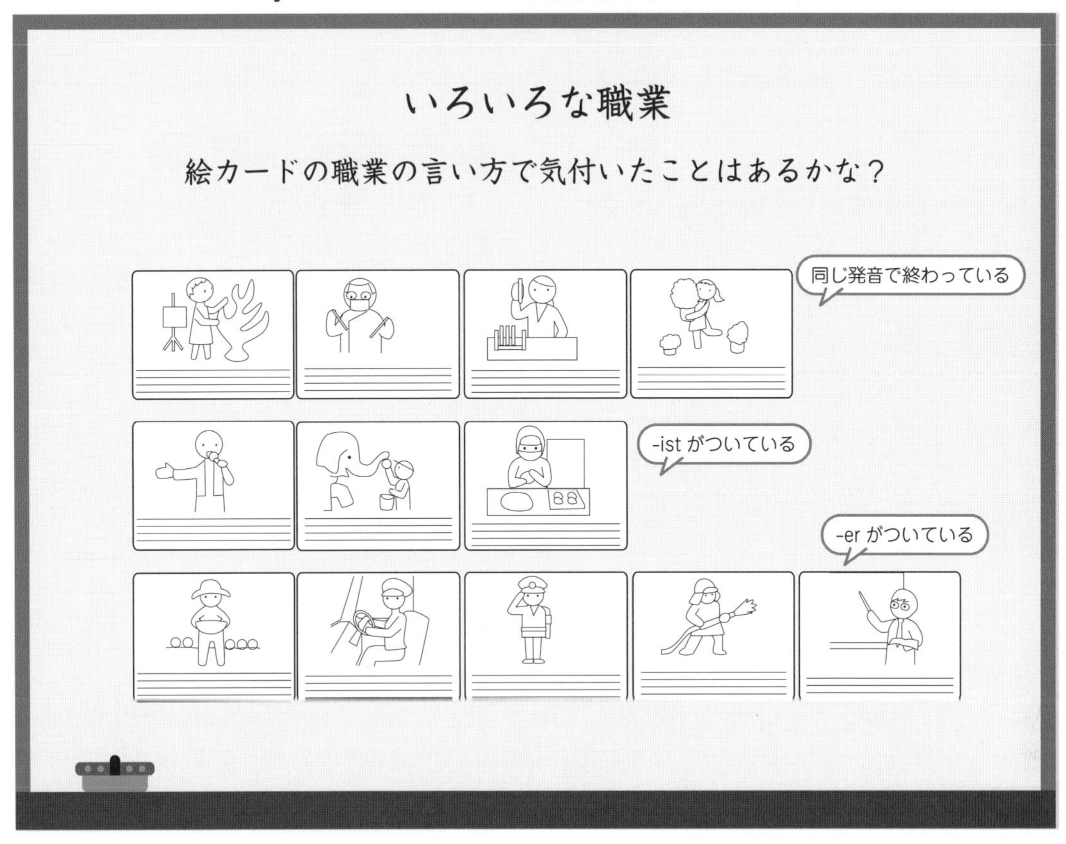

3 Let's Chant ②（就きたい職業）をする→ Let's Watch and Think

Let's Chant ②で就きたい職業の表現に慣れ親しませる。「字幕なし」で行い、聞くことに集中させる。Let's Watch and Think では、まず、教科書 p.27のイラストや写真で教科や職業について確認する。その後、音声を聞かせ、線を結ばせる。

4 〈帯活動〉Sounds and Letters ～形の似ている小文字～

本時では、形の似ている小文字（ao, bd, ft, hk, ad, bh, nr, ij, pq）を扱う。まずは、教科書 p.90で小文字の読み方を確認する。次に、どこが違っているかを注意深く見て確認する。その後、違いを比較しながら文字を丁寧に書く。

第3時 学びたい教科について伝え合おう

本時の目標

学びたい教科について尋ね合うことができる。

準備する物

・教科絵カード（掲示用）
・職業カード（掲示用）
・振り返りカード
・ワークシート

本時の言語活動のポイント

3のLet's Try 2で、学びたい教科をペアを変えながら伝え合う。この活動にどのような目的をもたせると子供たちが意欲的に取り組むだろうか。この工夫が言語活動のポイントとなる。例えば、「学級の学びたい教科ランキングを調べよう」という目的をもたせ、「学びたい教科No.3を伝えよう」という設定にする。そして、No.1 "I want to study ～." No.2 "I want to study ～." No.3 "I want to study ～." と伝え合い、どの教科が人気だったかを確認するなどの方法がある。

【「話すこと［発表］の指導に生かす評価】

◎本時では、記録に残す評価は行わないが、目標に向けて指導を行う。子供の学習状況を記録に残さない活動や時間においても、教師が子供の学習状況を確認することが大切である。本時では、自分の学びたい教科について伝え合っている様子を観察する。

本時の展開 ▷▷▷

1 Let's Sing をする → Let's Chant ①

Let's Sing "What do you have on Mondays?" と Let's Chant ①を行う。本時では「字幕あり」で行い、音声とともに文字に慣れ親しませる。その後、好きな教科や学びたい教科について、教師と子供でやり取りをする。

2 Starting Out → Let's Listen 1 をする

Starting Out のイラストの内容を推測させた後、音声を聞かせ□に番号を書かせる。最後に再度C（No.2）を聞かせる。次に、教科書紙面（p.28）の時間割で、曜日や教科の言い方を確認し、何曜日かを当てるクイズをする。そして、音声を聞かせ番号を書かせる。

3 Let's Try 2

活動のポイント：Hello. の挨拶や Thank you. などの反応を入れながらやり取りをさせる。

3 教師の自己紹介① → Let's Try 2 をする

まずは、教師がモデル会話を見せる。その後、学びたい教科について考え、ペアでやり取りをする。その後、ペアを替えて行ったり、教室を自由に歩き回ってやり取りを行ったりと変化を付けてくり返す。その際、挨拶や反応を大切にさせるとよい。

4 〈帯活動〉Sounds and Letters ～形の似ている大文字・小文字～

本時では、形の似ている大文字・小文字（Ii, Jj, Kk, Pp, Tt, Uu, Yy）を扱う。まずは、教科書 p.90で大文字・小文字の音（名称読み）を確認する。最後のペア（大文字のＩと小文字のl）については、他との違いを確認する。その後、違いを比較しながら文字を丁寧に書く。

第4時 就きたい職業について尋ね合おう

本時の目標

就きたい職業について考え、尋ね合うことができる。

準備する物

- 教科絵カード（掲示用）
- 職業カード（掲示用）
- 振り返りカード
- ワークシート

本時の言語活動のポイント

就きたい職業について考え、ペアを替えながらくり返し尋ね合う活動を行う。

子供①：What do you want to be?

子供②：I want to be a ～.

というやり取りを無味乾燥に行うのではなく、学級の子供たちが主体的に行うため、どのような目的や場面を設定するかがポイントになる。

例えば、“What do you want to be? Hint, please.” というような3ヒント・クイズの形式にすることが考えられる。学級の子供の実態に応じた工夫が求められる。

【「聞くこと」の記録に残す評価】

◎相手のことをよく知るために、なりたい職業などについての短い話を聞いて、具体的な情報を聞き取っている。（知・技）（思・判・表）〈行動観察・ワークシート記述分析〉

・子供が聞き取る様子やワークシートの記述を分析し、評価の記録に残す。

本時の展開 ▷▷▷

1 Let's Chant ①をする →教師の自己紹介②

Let's Chant ①を行う。本時では「字幕あり」で行い、音声とともに文字に慣れ親しませる。その後、相手のことをよく知るために教師の学びたい教科などについて短い話を聞き、聞き取ったことをワークシートに記入する。

2 Let's Chant ②をする → Let's Listen 2

Let's Chant ②を行い、就きたい職業について子供たちとやり取りする。その後、Let's Listen 2 の登場人物の名前や教科、職業について音声を聞かせ、線で結ばせる。先に答えを見せ、どんなやり取りが聞こえてくるかを予想させてから聞かせることも考えられる。

2 Let’s Listen 2

活動のポイント：音声を聞く前に教科や職業を確認する。

3 Let’s Try 3 をする 就きたい職業について尋ね合う

まずは、教師がモデル会話を見せる。その後、学びたい教科について考え、ペアでやり取りをする。その後、ペアを替えて行ったり、教室を自由に歩き回ってやり取りを行ったりと変化を付けてくり返す。その際、挨拶や反応を大切にさせるとよい。

4 〈帯活動〉Sounds and Letters ～好きな文字を選んで書こう～

第１時では「形の似ている大文字」、第２時では「形の似ている小文字」、第３時では「形の似ている大文字・小文字」について違いを比較しながら丁寧に文字を書いた。本時では、その中から好きな大文字・小文字のペアを自由に選んで書く。

第5時 世界の授業を知り、学びたい教科を尋ね合おう

本時の目標

世界の授業について考え、世界と日本についての理解を深めるとともに、学びたい教科について尋ね合うことができる。

準備する物

・教科絵カード（掲示用）
・職業カード（掲示用）
・振り返りカード

本時の言語活動のポイント

まずは、Over the Horizon（p.32、33）Do you know? で世界の授業について考え、次に、Over the Horizon（p.33）の Challenge をモデルに、世界の様々な授業のうち、どの授業について学んでみたいかを選ばせてやり取りをさせる。その際、学んでみたい理由についても伝えさせる。理由については日本語でよい。このやり取りを通して、世界の文化を身近に感じさせたい。

【「聞くこと」の指導に生かす評価】

◎本時では、記録に残す評価は行わないが、目標に向けて指導を行う。子供の学習状況を記録に残さない活動や時間においても、教師が子供の学習状況を確認することが大切である。本時では、学びたい教科や就きたい職業を尋ねたり答えたりする表現をくり返し聞かせるようにする。

本時の展開 ▷▷▷

1 Let's Chant ①②をする

Let's Chant ①②を行う。本時では「字幕あり」で行い、音声とともに文字に慣れ親しませる。その後、好きな教科や学びたい教科について、教師と子供でやり取りをする。

2 Over the Horizon をする ～Do you know?～

Over the Horizon（p.32、33）の Do you know? で世界の様々な授業について考える。日本の授業との違いを考えさせたり、学んでみたい教科について発表させたりする。クイズの答えを予想させ、番号に○を付けさせ、答え合わせをする。

3 Over the Horizon：Challenge

活動のポイント：世界の授業の語句に慣れ親しませてから、ペアで行う。教室内を自由に歩き回り、いろいろな友達とやり取りをしていく。

3 Over the Horizon をする ～Challenge～

Over the Horizon（p.32、33）の Do you know? で扱った世界の様々な授業のうち、どの教科について学んでみたいかを選ばせる。そして、教室を自由に歩き回ってやり取りをする。その際、これまでと同様、挨拶や反応を大切にさせるとよい。

4 〈帯活動〉Sounds and Letters ～ぐるりんグループ～

特別支援教育の視点から、手の動かし方（ストローク）に分けて丁寧に書く活動を行う。本時は、ぐるりんグループ（円を描くような動きの文字）を扱う。p.91で名称読みを確認した後、その違いを比較しながら文字を丁寧に書く。

第6時 学びたい教科や就きたい職業を尋ね合おう

本時の目標

学びたい教科や就きたい職業について尋ね合うことができる。

準備する物

- 教科絵カード（掲示用）
- 職業カード（掲示用）
- 振り返りカード
- ワークシート

本時の言語活動のポイント

次時に行う Enjoy Communication Step 3 に向けた活動を行う。まずは、Enjoy Communication Step 1 で、就きたい職業に近づくためという前提で、自分の「学びたい教科」を決めて尋ね合う。続いて、Enjoy Communication Step 2 で「就きたい職業」について伝え合う。

就きたい職業に近づくための学びたい教科は、1つではない。各教科等でどのようなことを学び、それが将来どのように役立つかについても考えるきっかけとしたい。

【「話すこと［発表］」の指導に生かす評価】

◎本時では、記録に残す評価は行わないが、目標に向けて指導を行う。子供の学習状況を記録に残さない活動や時間においても、教師が子供の学習状況を確認することが大切である。学びたい教科や就きたい職業を尋ねたり答えたりしている様子を観察し、気付いたことをメモする。

本時の展開 ▷▷▷

1 Let's Chant ①②をする

Let's Chant ①②を行う。本時では「字幕あり」で行い、音声とともに文字に慣れ親しませる。その後、好きな教科や学びたい教科について、教師と子供でやり取りをする。

2 Enjoy Communication (Step 1) 学びたい教科を伝え合う

Enjoy Communication Step 1 は自分の学びたい教科を決めてペアで尋ね合う活動である。まずは、教師のデモンストレーションを見て活動の見通しをもつ。今回は、「就きたい職業」に近づくためという前提で、改めて考えさせる。

 板書のポイント：「就きたい職業」に近づくを強調する。

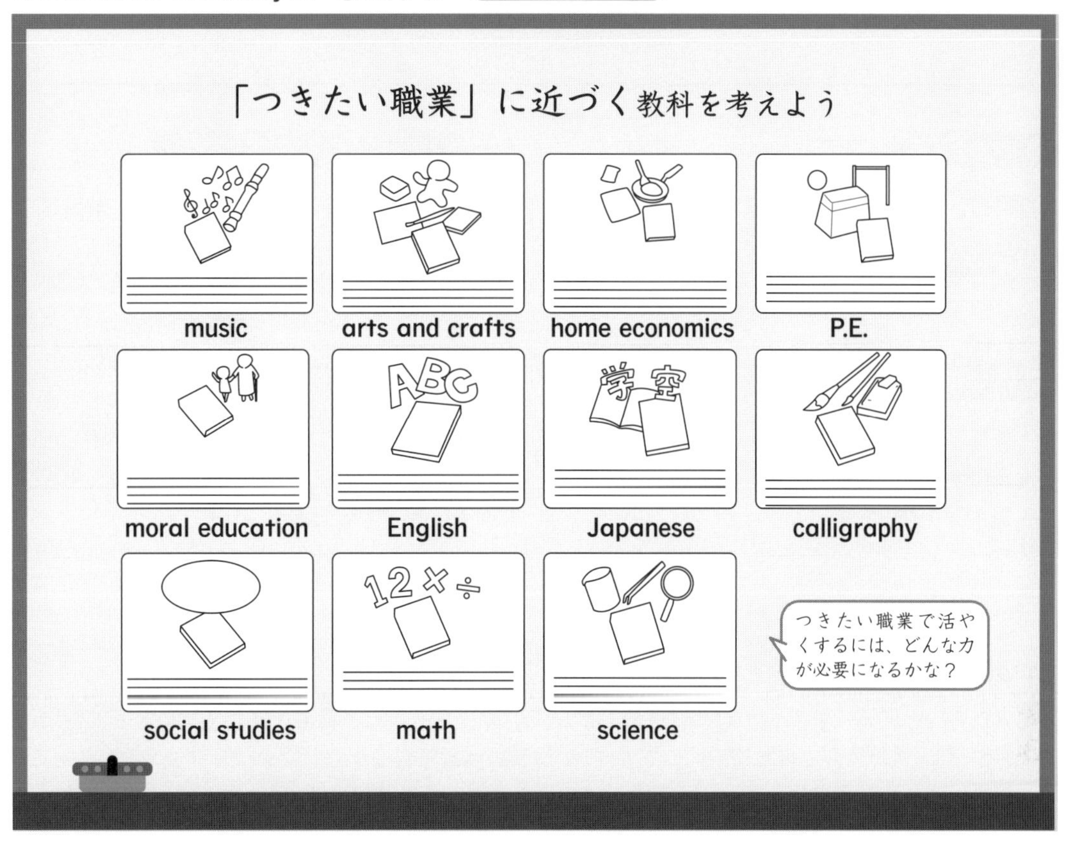

3 Enjoy Communication (Step 2) 就きたい職業を伝え合う

Enjoy Communication Step 2 は就きたい職業を伝え合う活動である。すでに同様の活動をしているため、短時間で行う。そして、次時に行う Step 3 の「夢に近づく時間割」を作成させる。

4 〈帯活動〉Sounds and Letters ～トランポリングループ～

特別支援教育の視点から、手の動かし方（ストローク）に分けて丁寧に書く活動を行う。本時は、上下の動きの文字（トランポリングループ）を扱う。p.91で名称読みを確認した後、その違いを比較しながら文字を丁寧に書く。

第7時 「夢の時間割」を紹介しよう①

本時の目標

「夢に近づく時間割」を作って、学びたい教科や就きたい職業について紹介することができる。

準備する物

・教科絵カード（掲示用）
・職業カード（掲示用）
・振り返りカード
・ワークシート

本時の言語活動のポイント

3 が本時のゴールの活動である。前時に作成した「夢に近づく時間割」を活用してグループで「夢に近づく時間割」を紹介し合う。

このEnjoy Communication Step 3は、外国語科で初めての「発表」の活動である。

話し手として「自分のことを相手にしっかりと伝えるために」、聞き手として「相手のことをよく知るために」ということの具体を考えさせることが大切である。

【「話すこと［発表］」の記録に残す評価】
◎互いのことをよく知り合うために自分の学びたい教科や就きたい職業を話している。（知・技）（思・判・表）（態）〈行動観察・ワークシート記述分析〉
・子供が発表する様子やワークシートの記述を分析し、評価の記録に残す。

本時の展開 ▷▷▷

1 Let's Chant ①②をする

Let's Chant ①②を行う。本時では「字幕あり」で行い、音声とともに文字に慣れ親しませる。その後、好きな教科や学びたい教科について、教師と子供でやり取りをする。

2 Enjoy Communication 映像視聴

Enjoy Communication（p.30）の映像を視聴し、活動の見通しをもつ。映像のやり取りは、1つの例にすぎない。よって、自分のことを伝え、相手のことをよく知るために、自分ならどんなことを大切にしたかを考えさせることが大切である。

3 Enjoy Communication（Step3）

活動のポイント：話し手としての相手意識、聞き手としての相手意識を考えさせる。

3 Enjoy Communication（Step 3）時間割の紹介①

Enjoy Communication Step 3の「夢に近づく時間割」を紹介する。前時に作成したカードを活用して4～6名程度のグループで行う。「自分のことを伝え、相手のことをよく知るために」という目的意識や相手意識を大切にして活動を行う。

4〈帯活動〉Sounds and Letters ～かわら割りグループ～

特別支援教育の視点から、手の動かし方（ストローク）に分けて丁寧に書く活動を行う。本時は、下へ向かう動きの文字（かわら割りグループ）を扱う。p.91で名称読みを確認した後、その違いを比較しながら文字を丁寧に書く。

第8時 「夢の時間割」を紹介しよう②

本時の目標

「夢に近づく時間割」を作って、学びたい教科や就きたい職業について紹介することができる。

準備する物

・教科絵カード（掲示用）
・職業カード（掲示用）
・振り返りカード
・ワークシート

本時の言語活動のポイント

前時と同様、「夢に近づく時間割」を紹介する。

本時では、新たなグループで行い、友達の様々な考えにふれていく。

話し手として「自分のことを相手にしっかりと伝えるために」、聞き手として「相手のことをよく知るために」という、コミュニケーションの目的・場面を明確にすることを大切にして発表をさせる。

【「話すこと［発表］」の記録に残す評価】

◎互いのことをよく知り合うために自分の学びたい教科や就きたい職業を話している／話そうとしている。（知・技）（思・判・表）（態）〈行動観察・ワークシート記述分析〉

・前時に続き、子供が発表する様子やワークシートの記述を分析し、評価の記録に残す。

本時の展開 ▷▷▷

1 Let's Chant ①②をする

Let's Chant ①②を短時間で行う。本時では「字幕あり」で行い、音声とともに文字に慣れ親しませる。その後、好きな教科や学びたい教科について、教師と子供でやり取りをする。

2 Enjoy Communication (Step 3) 時間割の紹介②

Enjoy Communication Step 3 の「夢に近づく時間割」を紹介する。前時に活用したカードを活用して新たなグループで行う。「自分のことを伝え、相手のことをよく知るために」という目的を意識させ、本物のやり取りをさせる。相手意識、目的意識を大切にして活動を行う。

3 Over the Horizon「日本のすてき」

映像を視聴し、日本で活躍している外国の方から学ぶことを伝える。映像の内容は、まとまりのある長い内容で、子供にとって難しい表現も含まれる。子供に負担感や苦手意識を与えないような配慮や工夫をし、子供の頑張りを称賛することを大切にする。

4 〈帯活動〉Sounds and Letters ～ギザギザグループ～

特別支援教育の視点から、手の動かし方（ストローク）に分けて丁寧に書く活動を行う。本時は、直線の動きの文字（ギザギザグループ）を扱う。p.91で名称読みを確認した後、その違いを比較しながら文字を丁寧に書く。

本単元の Key Activity

Enjoy Communication(Step 1・2)

活動の概要

単元のメインの活動となる Enjoy Communication Step 3 に向けた活動である。ここでは、自分の学びたい教科を決めるが、「就きたい職業に近づくため」という前提であることが大切である。なりたい職業に近づくための学びたい教科は 1 つではないため、各教科等でどのようなことを学んでいるのか、また、それがどのように職業につながっているかについて、理解を深めるきっかけとしたい。

活動をスムーズに進めるための 3 つの手立て

①職業の確認
いろいろな職業について絵カードで確認し、黒板に掲示する。

②教科の確認
いろいろな教科について絵カードで確認し、黒板に掲示する。

③職業につながる教科
就きたい職業に近づく教科について考える。

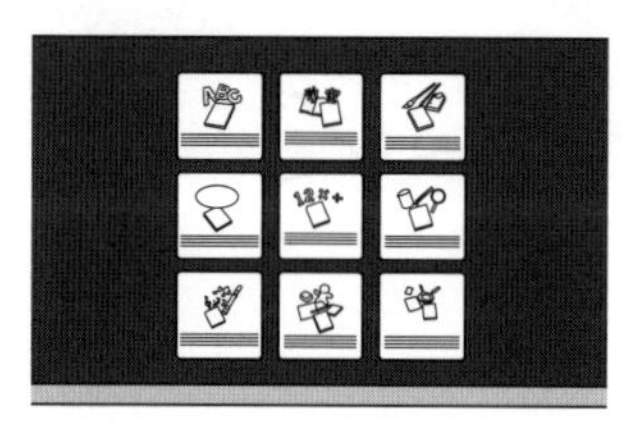

活動前のやり取り例

T　：What do you want to study?
C 1 ：I want to study science.
T　：Why?
C 1 ：I want to be a scientist.　　T：Nice dream!
T　：What do you want to study?
C 2 ：I want to study P.E.
T　：Why?
C 2 ：I want to be a soccer player.
T　：Nice dream!

活動前のやり取りのポイント

数名の子供たちに、学びたい教科とその理由を尋ねる。子供たちは、就きたい職業に近づく教科として、1 つの教科のみを伝えることが多い。そこで、他に夢に近づくためにはどの教科で学んだことが生かせそうかを考えさえる。その際、ペアやグループで考えさせてもよい。

活動のポイント

子供にとって、就きたい職業に近づく教科を考えることは、簡単なことではない。その職業で活躍するためには、どんな力が必要かということをしっかりと考えさせたい。

授業展開の工夫として、Step 2「自分の就きたい職業をペアで尋ね合う」を先に行い、そのために学びたい教科を考えるためにStep 1「自分の学びたい教科をペアで伝え合う」を行うことも考えられる。

メイン活動

活動後のやり取り例

T　：What do you want to study?
C 1：I want to study science, Japanese, English.
T　：Why?
C 1：I want to be a scientist. 英語を使って外国の研究者とも協力したいです。
T　：Wow, fantastic! You want to study English too. Nice dream!
T　：What do you want to study?
C 2：I want to study P.E.
T　：Why?
C 2：I want to be a soccer player. 世界で活躍したいです。
T　：Wow, excellent! You want to play soccer in the world cup. Good dream!

活動後のやり取りのポイント

教師は一人一人の活動の様子を見取り、活動後には、子供のよい気付きや活動のよさについて、全体で共有し、次時に生かせるようにする。最後に、教師自身が子供の頃の設定で、就きたい職業とそれに近づくための学びたい教科について発表する。その際、「実現のために頑張る」という前向きな発表を取り入れるとよいだろう。

1 Check Your Steps

2時間　【中心領域】話すこと［発表］

単元の目標

外国の人に自分のことを知ってもらうために、好きなもの・こと、欲しいもの、誕生日などについて、自分の考えや気持ちなどを話すことができる。

単元計画

これまでの学習内容
◉ **Unit 1 Hello, friends.** I'm ～. Nice to meet you. My name is ～. I like ～. What ～ do you like? などを用いて、名前や好きなもの・ことを伝え合う。 ◉ **Unit 2 When is your birthday?** When is ～? My birthday is ～. What do you want for ～?、I want ～. などを用いて、誕生日や欲しいものなどを伝え合う。 ◉ **Unit 3 What do you want to study?** I want to study ～. I want to be ～. などを用いて、学びたい教科や就きたい職業などを伝え合う。

Unit 1～3の学習内容（指導してきたこと）を総括的に評価し、指導改善や学習改善に生かすために、Check Your Steps（2時間扱い）を設定

本単元について

【単元の概要】

これまでに子供たちは、「自己紹介」に関連する3つの単元について学習してきた。本単元では、初めて会う外国の人（ここでは身近なALTを活用することとする）に自己紹介をする場面を想定して、既習表現を使って自己紹介スピーチをする。ALTが入れ替わる時期の出会いの場や、外国の人との交流活動などの機会を活用することもできる。短い自己紹介の中で自分らしさを伝えたり、自分のことを知ってもらえるように話したりできるようにする。

【本活動で想定される言語材料】

《語彙》

数、スポーツ（baseballなど）、食べ物（pizzaなど）、月・日付（Januaryなど）、衣類（T-shirtなど）、教科（scienceなど）、状態（newなど）、職業（bakerなど）

《表現》

(Unit 1) I'm ～. Nice to meet you.
My name is ～. E-M-I-L-Y. I like ～.
(Unit 2) My birthday is ～. I want ～.
(Unit 3) I want to study ～. I want to be ～.

単元の評価規準

[知識・技能]：I'm 〜. I like 〜. My birthday is 〜. などについて、理解しているとともに、好きなもの・こと、欲しいもの、誕生日などについて、自分の考えや気持ちなどを話している。

[思考・判断・表現]：外国の人に自分のことをよく知ってもらうために、好きなもの・こと、欲しいもの、誕生日などについて、自分の考えや気持ちなどを話している。

[主体的に学習に取り組む態度]：外国の人に自分のことをよく知ってもらうために、好きなもの・こと、欲しいもの、誕生日などについて、自分の考えや気持ちなどを話そうとしている。

第1時	第2時
（導入）	（展開）
外国の人に自己紹介をするスピーチの準備をする。	外国の人に自己紹介をするスピーチをする。（パフォーマンス評価）
1．外国の人に自己紹介スピーチをするための準備をしよう **HOP：これからの学習の見通しをもとう** 外国の人に自己紹介のスピーチをするという課題を確認し、「自分のことをよく知ってもらう」という目的意識をもち、これまで作成したワークシートや教科書等をもとに、既習内容や友達とのやり取りの経験を振り返る。 **STEP：自己紹介スピーチの内容を考えよう** 子供が自分で選択して考えながら、自己紹介の内容を組み立てられるように支援する。その際、Picture Dictionary の「あなただけの表現を見つけよう」も参考にさせる。スピーチの補助資料として、アルファベットの文字で名前を書いたり絵を描いたりして自己紹介パネルを作り、それを使ってスピーチの練習をする。	**2．外国の人に自己紹介スピーチをしよう** **JUMP：自己紹介スピーチをしよう** 「外国の人に自分のことをよく知ってもらう」という目的を確認し、友達のアドバイスや教師の実演等を参考に、各自でスピーチのリハーサルをする。 スピーチの実施方法については、①学級全体の前で行う方法、② ALT 等と 1 対 1 の対面で行う方法等があり、教師のねらいや学級の規模、実態に合わせて行う。あらかじめ設定した評価規準に基づき、スピーチの様子を評価する。 スピーチ後には、活動を振り返らせ、「ふり返ろう！」で自己評価をさせる。

【主体的・対話的で深い学びの視点】

「自己紹介」というテーマのまとめの学習である。ここで目指す姿は、相手に自分のことを伝えようという思いをもち、工夫しながらスピーチやそれに向けた練習に取り組むことである。そのため、「自分のことをよく知ってもらう」という目的意識をもたせ、主体的に活動に取り組ませる。また、ALT と個別に話すことは、子供にとってこの上ない貴重な機会であり、学期に 1 回程度行いたい。ALT からもフィードバックをもらうことで、外国語の学習への意欲を継続させる。

【評価のポイント】

本活動は、相手に発信するという目的をもって、これまで学習してきたことを活用する機会であり、その定着の状況を教師が見取る総括的評価の場面である。パフォーマンス評価では、目的や場面、状況を設定し、評価規準をもとに目指す姿を子供と共有することが大切である。また、実際のスピーチの場面だけでなく、それまでの準備やスピーチ練習等の場面において、子供に顕著な頑張りが見られた場合も評価する。事後の振り返りでは、自分のよさや新たな課題に気付かせ、以降の学習活動につなげる。

第1時 外国の人に自己紹介スピーチをするための準備をしよう

本時の目標

学習した語句や表現を使って、外国の人に自己紹介をするためのスピーチを考えることができる。

準備する物

・教師用デジタルブック
・Picture Dictionary
・パネル用紙
・色鉛筆
・振り返りカード

本時の言語活動のポイント

コミュニケーションを行う目的や場面、状況などを設定し、「外国の人に自分のことを伝えたい」「自分のことを知ってもらいたい」という目的意識をもたせることがポイントである。これまで学習した表現等を使って、自分について「何を」「どのように」話したら相手に自分を知ってもらえるのかを考え、スピーチの準備や練習に取り組ませる。全体指導では、スピーチに関して細かい指示をせず、試行錯誤しながらも自分で判断させてスピーチ内容を考えさせるようにする。

【「話すこと［発表］」の指導に生かす評価】

◎子供がスピーチに向けて準備や練習をしている様子を中心に見取る。次時に目標に到達できないことが予想される子供には、一緒に発表内容を考えるなど個別に支援する。

本時の展開 ▷▷▷

1 Let's Chant 学習の見通しをもつ

「ALT 等の外国の人に自分のことを知ってもらう」という目的意識をもたせるための大切な導入場面である。今後見通しをもって活動に取り組めるように、モデル映像を視聴したり、Unit 1 ～ 3 のチャンツを行ったりしながら、既習の表現についてペアで確認をする。

2 自己紹介スピーチの内容を考える

自分が相手に一番伝えたいことを中心にして自己紹介スピーチの内容を考えさせる。教科書やこれまで作成したワークシート、Picture Dictionary の「あなただけの表現を見つけよう」等を参考に、使う語句や表現を選択し、構成を考えていく。

2 3 外国の人に自己紹介をする準備をしよう

活動のポイント：これまでの表現等を使って、「何を」「どのように」話したら、相手に自分のことを知ってもらえるかについて考える。

3 自己紹介パネルを作る

教科書の例を参考にしながら、スピーチの補助資料として自己紹介用パネルを作成させる。スピーチの内容に合った視覚的効果を考えながら、アルファベットで大きく名前を書いたり、色鉛筆で絵を描いたりして、相手に伝えたいという思いをもたせる。

4 自己紹介スピーチの練習をし、友達と見合う

作ったパネルを使って、各自でスピーチの練習をする。内容が目的や場面、状況に合っているか、話にまとまりがあるかなど、子供自身で再確認していく。また、友達同士で見合い、互いにアドバイスしたり、よいところを取り入れたりする。

第2時 外国の人に自己紹介スピーチをしよう

本時の目標

外国の人に自分のことを知ってもらうために、好きなもの・こと、欲しいもの、誕生日などについて話すことができる。

準備する物

- 教師用デジタルブック
- 自己紹介パネル
- 自己評価の観点（掲示用）
- 振り返りカード

本時の言語活動のポイント

スピーチの実施方法については、①学級全体の前で行う方法、② ALT 等と１対１の対面で行う方法等があり、教師のねらいや学級の規模、実態に合わせて行う。教室内での発表は、友達との相互評価がしやすく、互いによさや頑張りを認め合うことができる。ALT 等と１対１の対面の場合、簡単なやり取りを加えることで、自分の言葉が生きた英語として相手に伝わった喜びを感じることができる。どちらの場合においても、一人一人が達成感を味わうとともに、次の学習につながる機会とする。

【「話すこと［発表］」の記録に残す評価】

◎外国の人に自分のことを知ってもらうために、好きなもの・こと、欲しいもの、誕生日などについて、自分の考えや気持ちなどを話している／話そうとしている。〈行動観察〉

・外国の人に自己紹介スピーチをしている様子を３観点で見取り、評価の記録を残す。

本時の展開 ▷▷▷

1 Let's Chant スピーチの例を確認する

Unit 1 ～ 3 のチャンツで既習の表現を確認する。スピーチについては、教師が例を見せて参考にさせる。子供たちには、型どおりにスピーチをするのではなく、自分の考えや気持ちなどを自分らしく工夫して表現するよう伝える。

2 自己紹介スピーチの練習をする

改めて目的や場面、状況を確認した上で、スピーチに向けた最後のリハーサルを行う。前時の友達との見せ合いや教師のスピーチ例等を参考に、相手に伝わるスピーチを目指して取り組めるようにする。練習時間を確保することで、一人一人に自信をもたせる。

NEW HORIZON Elementary 5 ／ Check Your Steps 1

3 自己紹介スピーチをする

子供が１人ずつ、外国の人に自己紹介のスピーチをする。教師は、評価規準に基づいて評価をするだけでなく、一人一人の個性や頑張りを認める個人内評価も行い、スピーチ後にその場でフィードバックする。

4 本単元の振り返りをする

振り返りカードを活用し、Unit 1～3での自分の発表と比べたり、友達のスピーチを聞いて気付いたことを伝えたりする。５年生では残り２回Check Your Stepsが控えていることから、今回の活動で明らかになった自分のよさや課題を、次の学習につなげるようにする。

Unit 4

He can bake bread well.

8時間 【中心領域】話すこと［発表］、書くこと

単元の目標

相手に自分や第三者のことをよく知ってもらうために、できることやできないことについて、聞いたり自分の考えや気持ちを含めて話したりするとともに、文字には音があることに気付き、アルファベットの活字体の大文字を書くことができる。

第1・2時	第3・4・5時
第1小単元（導入）	**第2小単元（展開①）**
音や映像から、身近な人のできることなどについての表現に出合う。	教師と子供、子供同士のやり取りなどを通して、できること・できないことの表現に慣れる。
1 「できる」「できない」の言い方を知ろう Small Talk で身近な人のできることなどについてまとまった話を聞いて内容を推測する。また、教師とのやり取りなどを通して、できることやできないこと、第三者を表す表現に出合うとともに、単元の見通しをもたせる。 **2 できることなどについての情報を聞き取ろう** できることなどについてのまとまった話を視聴したり、教師とやり取りをしたりしながら、I can ～. I can't ～. の表現に慣れ親しませ、少しずつ自然に発話も促す。	**3 できるかどうか尋ねたり答えたりしよう①** Let's Chant ②③、Let's Listen を通して表現に慣れ親しむ。インタビュー前に、相手の答えを予想させることで、尋ねる必要感をもたせる。 **4 できるかどうか尋ねたり答えたりしよう②** 相手を替えながら、友達とインタビューして尋ね合う。活動の途中で中間指導をして、段階的にインタビューの受け答えをブラッシュアップさせる。 **5 インタビューをもとに、友達のできることを紹介しよう** 前時のインタビュー結果をもとに、第三者を紹介する表現を知り、Who is this? クイズを通してそれらの表現に慣れ親しむ。

本単元について

【単元の概要】

前単元までは「自分」をテーマにしてきたが、本単元から「身近な人・地域」に目を向けることになる。本単元では、自分や第三者の「できる」「できない」という表現も扱い、身近な人のできることなどを含めて紹介することをねらいとしている。

自分ができることを伝える表現を学習した後に、第三者のできることについて伝える表現を学ぶ。スモールステップで進めることで子供は負担なく表現に慣れ親しみ、第三者の表現に目が向くようになる。また、ショー・アンド・テルでは、発表する際の工夫についても意識させるようにする。

【本単元で扱う主な語彙・使用表現】

《語彙》

動作（skate など）、建物（stadium など）、楽器（guitar など）、家族（father など）、人（friend など）、職業（artist など）

《表現》

Can you ～? Yes, I can. No, I can't. I/You/He/She can/can't ～. Who is this?
This is ～. He/She is ～.

《本単元で使う既習の語彙・表現》

Hello. It's my/your turn. Thank you. Sounds nice. That's all. Are you ～? I'm ～. Where are you from? I'm from ～. I live in ～. など

単元の評価規準

[知識・技能]：I/You/He/She can ～. Can you ～? Who is ～? This is ～. などについて理解しているとともに、自分や相手、第三者ができることやできないことについて聞いたり、自分の考えや気持ちを含めて話したり、アルファベットの文字を書いたりしている。

[思考・判断・表現]：相手に自分のことをよく知ってもらうために、自分や第三者ができることなどについて、自分の考えや気持ちなどを含めて話している。

[主体的に学習に取り組む態度]：相手に自分のことをよく知ってもらうために、自分や第三者ができることなどについて、自分の考えや気持ちなどを含めて話そうとしている。

第6・7時	第8時
第3小単元（展開②）	**第4小単元（まとめ）**
学んだ表現を使い、身近な人のできることなどを紹介する。	世界の町で働く人々について考え、世界と日本の文化に対する理解を深める。
6　「身近な人紹介カード」を作り、紹介しよう 「身近な人紹介カード」を作成し、カードを用いて3人組で紹介し合う。途中で、困ったところやよかったところなどを全体で共有し、それを生かして再び3人組で取り組む。 **7　身近な人について、ショー・アンド・テルをしよう** カードを使って様々な友達と身近な人について紹介し合う。相手の反応を確かめながら発表したり、反応しながら聞いたりすることを意識させる。	**8　身近な人について紹介したり、世界と日本の文化について考えたりしよう** **①日本のすてき** 世界の町で働く様々な人の職業を通して、異なる文化について考える。スリスさんについての映像から、おおよその内容を捉えさせ、日本の伝統的な楽器など、日本のよさを改めて考えていく。 **②ことば探検** 「家族」を表す日本語と英語を比べて、気付いたことを話し合う。

※「聞くこと」「読むこと」については目標に向けて指導は行うが、記録に残す評価は行わない。

【主体的・対話的で深い学びの視点】

導入で単元のゴールを示すことで、身近な人を紹介することへの関心や意欲を高め、ゴールの活動に向かって主体的に学習に取り組めるようにする。発表内容を組み立てる場面では、相手によく知ってもらうために、どのような既習表現や語句を使うか、どのような工夫ができるかなどを考えさせる。また、既習表現を使って気持ちや考えを付け足していた子供や、聞く人をひき付ける工夫していた子供などを紹介し共有することで、それぞれが自分の発表をよりよくする機会を設定する。友達の工夫やアドバイスを参考に、自分の表現をブラッシュアップできるようなサイクルにする。

【評価のポイント】

単元後半での「話すこと［発表］」の評価に向け、前半は互いのできることなどを尋ね合う活動を行う。ショー・アンド・テルの前に、自分で発表内容を考える場面、3人組で紹介し合ってアドバイスし合う場面、全体で共有して工夫を取り入れる場面を設定し、段階的に発表内容をブラッシュアップしていく。その過程も含めて、思考・判断しながら表現を使っている状況を評価する。「書くこと」については、アルファベットの大文字を書いている様子を評価する。また、つまずいている子供には適宜支援や助言を行い、改善状況を見取りフィードバックし、次の学習につなげるようにする。

第1時 「できる」「できない」の言い方を知ろう

本時の目標

自分や相手、第三者ができることやできないことを表す表現を知ることができる。

準備する物

・教師用デジタルブック
・「動作など（1）」「スポーツ」、We Can 1：Unit 5「できること」などの絵カード（掲示用）
・振り返りカード　・Picture Dictionary
・Small Talk に使う実物・写真

本時の言語活動のポイント

教師と子供のやり取りが授業の中心となる。Small Talk の話題は、1回目が自分のこと、2回目が第三者のことに設定し、単元を通して見通しをもたせることにしている。Small Talk では、教師が一方的に話すのではなく、同じことができる・できない子供を挙手させたり、数人にできることを尋ねたりして、子供を巻き込むことがポイントである。これらを通して、「できること」「できないこと」の表現を徐々に理解させるようにする。

【「聞くこと」の指導に生かす評価】

◎本時では、記録に残す評価は行わないが、目標に向けて指導を行う。子供の学習状況を記録に残さない活動や時間においても、教師が子供の学習状況を確認する。
・教師による自己紹介や人物紹介を聞いて反応している様子、質問に答えている様子を中心に見取る。

本時の展開 ▷▷▷

1 Small Talk：「できる」「できない」の言い方を知る

絵カードや表情、動作等で理解を助けながら、教師のできることやできないことを紹介する。その際、子供に "Yes, I can?""No, I can't?" と尋ねて挙手させるなど、子供を巻き込むようにする。そして、Starting Out の No.1 を聞かせる。

2 Let's Chant ②③「自分ができること」のやり取りを行う

数名の子供に "I can play 〜. I can't 〜. What can you do?" など、くり返し尋ねる。「できる」「できない」という表現を何度も聞かせるのがねらいである。子供の日本語での答えを You can 〜. などと英語に言い換え、表現を聞かせる。その後、Let's Chant ②③を聞かせる。

3 Small Talk：「身近な人」を紹介する話を聞く

活動のポイント：ALT や地域の方など、子供が知っている身近な人（現在、教室にいない）を取り上げる。

T：We go to ～ elementary school.
　There are any teachers.
　This is Mr./Ms. ～ . He/She can/can't ～ .
T：Our school is in ～ city.
　There are many people.
　Look at this picture.
　This is Mr./Ms. ～ .
　Please guess.
　What can he/she do?
T：He/She can/can't ～ .

子供の視点を第三者へ移すために、ALT や地域の方など、子供が知っている身近な人を紹介する。そうすることで、必然的に he/she に着目できるようにする。

3 Small Talk「身近な人」を紹介する話を聞く

子供の視点を第三者へ移し、単元のゴールを示すための活動となる。ALT や地域の方など、子供が知っている身近な人のできることを紹介する。その際、誰のことか？何ができるか？などを子供に予想させる。また、He/She を使っていることに気付かせる。

4 単元の見通しをもつ Sounds and Letters

Small Talk を基に、自分たちの周りには、たくさんの方がいることに気付かせ、「インタビューしてみたい」という子供の意欲を喚起し、学習への動機付けを図る。そして、単元のゴールを示し、学習の見通しをもたせる。
※ Sounds and Letters を帯活動で行う。

第2時 できることなどについての情報を聞き取ろう

本時の目標

できることやできないことを表す表現が分かり、具体的な情報を聞き取ることができる。

準備する物

・教師用デジタルブック
・「動作など（1）」「スポーツ」、We Can 1：Unit 5「できること」などの絵カード（掲示用）
・振り返りカード　・Picture Dictionary
・各活動で使う写真

本時の言語活動のポイント

本時も聞くことが中心の活動となるが、教師が一方的に話すのではなく、子供に適宜尋ねるなどしながら、子供を巻き込んでいくようにする。聞いて分かったことを確認する際も、答え合わせだけで終わらないように、“Who can run fast?” と尋ねたり、“Oh, you can/can't ～.” などとくり返したりしながら、教師と子供のやり取りの中で表現を聞かせ、少しずつ自然に発話も促していく。

【「聞くこと」の指導に生かす評価】
◎本時では、記録に残す評価は行わないが、目標に向けて指導を行う。子供の学習状況を記録に残さない活動や時間においても、教師が子供の学習状況を確認する。
・人物紹介を聞いて反応している様子、質問に答えている様子を中心に見取る。

本時の展開 ▷▷▷

1 Small Talk：Who am I? クイズを聞き、誰か予想する

できることやできないことを題材に、人物紹介クイズを行う。身近な人や地域の人、動物など、子供が知っているものを題材に、I can/can't ～. で紹介する。I am ～. I have ～. などの情報を足してもよい。答えが分かった後、できることやできないことを再度確認する。

2 Word Link／Let's Try 1 ポインティング・ゲームをする

I can/can't の後に続けて言う動詞の幅を広げるための活動である。Word link で PD の p.18「動作など（1）」やスポーツなどの単語でポインティング・ゲームを行う。Can you ～？で子供とやり取りしながら、I can ～. などの文で言うとよい。

NEW HORIZON Elementary 5 ／ Unit 4 板書のポイント：「できること」「できないこと」を分けて掲示していく

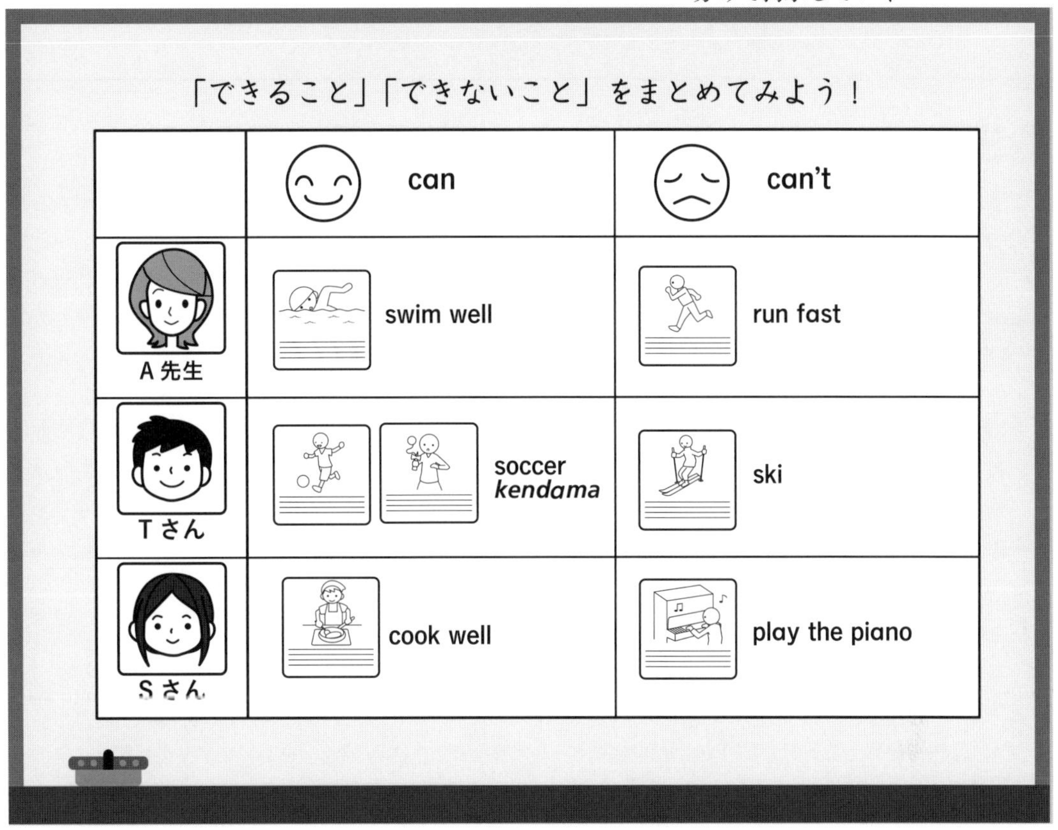

3 Starting Out No. 1 〜 2 を視聴する

映像を視聴し、それぞれの人物のできることやできないことを聞き取る活動である。視聴する前に、I can 〜. と I can't 〜. の違いに気を付けて聞くよう促す。音声から聞き取ったことや分かったことを共有しながら、その話題について子供に "Can you 〜?" で尋ねる。

4 Let's Watch and Think をする Sounds and Letters

映像だけを見せて、できることやどんな英語が使われるかを予想させる。教師は子供が予想したことについて can を使って言い換え、表現を聞かせるようにする。その後、音声とともに映像を視聴させ、確かめる。
※ Sounds and Letters を帯活動で行う。

第3時 できるかどうか尋ねたり答えたりしよう①

本時の目標

できることやできないことについて尋ねたり答えたりして伝え合うことができる。

準備する物

・教師用デジタルブック
・「動作など（1）」「スポーツ」「楽器」「動作」、We Can 1：Unit 5「できること」などの絵カード（掲示用）
・振り返りカード

本時の言語活動のポイント

Let's Listen 1は、答え合わせだけで終わらないように、答えを予想させたり、Can you ～? で子供に尋ねて Yes, I can. I can ～./No, I can't. I can't ～. で答えさせたりするなど、子供と教師のやり取りを行う。その後、Let's Chant ③を通して表現に慣れさせた上で、Let's Try 2の尋ね合う活動につなげる。インタビュー前には、教師が数名に "Can you ～?" と尋ねたり、子供が一斉に代表者に "Can you ～?" と尋ねたりする活動を行い、段階的に慣れ親しませていく。

【「話すこと［発表］」の指導に生かす評価】

◎本時では、記録に残す評価は行わないが、目標に向けて指導を行う。子供の学習状況を記録に残さない活動や時間においても、教師が子供の学習状況を確認する。
・ペアで尋ね合っている様子を中心に見取る。うまく言えない子がいたり発音が難しい単語があったりした場合には、その場で支援するとともに、次時のSmall Talkの中で取り上げたり、練習したりする機会を設ける。

本時の展開 ▷▷▷

1 Small Talk：好きなスポーツや趣味についての話を聞く

教師が好きなスポーツや趣味等の話をし、子供にも Can you ～? と質問して巻き込みながら表現をくり返し聞かせるようにする。慣れてきたら「一緒に尋ねてみよう」と、子供が一斉に代表者に Can you ～? と質問する機会もつくり、少しずつ慣れさせるようにする。

2 Let's Chant ②／Let's Listen 1をする

Let's Chant ②で But, I can't ～. という表現に慣れ親しませた後に Let's Listen 1を行う。イラストの英語での言い方を確認した後、答えを予想させた上で音声を聞かせる。答えを確かめる際には、音声に続けてくり返させたり、Can you ～? で尋ねて答えさせたりして、表現に慣れさせる。

3 4 Let's Try 2：ペアでインタビューする

活動のポイント：「チャンツ→教師へ→ペアで」とスモールステップで。

3 Let's Chant ③ / Let's Try 2 教師にインタビューする

Let's Chant ③で表現に慣れ親しませた後に、Let's Try 2 を行う。動作表現について、教師または ALT ができるかどうか予想させてから、一斉に Can you ～? で尋ねさせる。教師は回答した後に子供にも尋ね返すなどして、表現に慣れ親しませるようにする。

4 Let's Try 2 ペアでインタビューする

ペアの相手ができることを予想させてから、予想を確かめるために Can you ～? でインタビューさせる。活動後は、インタビューして意外だったこと等を発表させ、代表数名にみんなで Can you ～? で尋ねる。

※ Sounds and Letters を帯活動で行う。

第4時 できるかどうか尋ねたり答えたりしよう②

本時の目標

できることやできないことについて尋ねたり答えたりして伝え合うことができる。

準備する物

- 教師用デジタルブック
- 振り返りカード
- 「動作など（1）」「スポーツ」「楽器」「動作」、We Can 1：Unit 5「できること」などの絵カード（掲示用）

本時の言語活動のポイント

Let's Try 2でスムーズにインタビューできるように、その前にできるかどうか尋ねたり答えたりする表現に慣れ親しませるようにする。Let's Try 2では、尋ねたいことを絵カードの中から選択させ、相手の答えを予想させることで、インタビューする必要感をもたせる。また、活動を途中で一度止めて、言いたいことを英語で表せずに困っていることを全体で共有し解決方法を全員で考えるなどして、子供のやり取りを段階的にブラッシュアップしていく。

【「話すこと［発表］」の指導に生かす評価】

◎本時では、記録に残す評価は行わないが、目標に向けて指導を行う。子供の学習状況を記録に残さない活動や時間においても、教師が子供の学習状況を確認する。

・ペアで尋ね合っている様子を中心に見取る。うまく言えない子がいたり発音が難しい単語があったりした場合には、その場で支援し、次時の Small Talk の中で取り上げ、練習する機会を設ける。

本時の展開 ▷▷▷

1 Let's Chant ③ /Small Talk 教師の質問に答える

Let's Chant ③の後に行う。教師（または ALT）は前回に引き続き、好きなスポーツや趣味を話題に、Can you ～? の質問で数名の子供に尋ねる。子供とやり取りをくり返すことで前時の学習を思い出させ、表現を使ってペアで尋ね合うことができるようにする。

2 Let's Try ②：相手を変え、2回ペアで尋ね合う

掲示用絵カードの中から尋ねたいことを選ばせ、Can you ～? を使ってペアで尋ね合わせる。できるかどうか予想させてからやり取りさせる。1回目が終わった後、全体で困ったことを共有したり、よかった姿を紹介したりすることで、2回目に生かせるようにする。

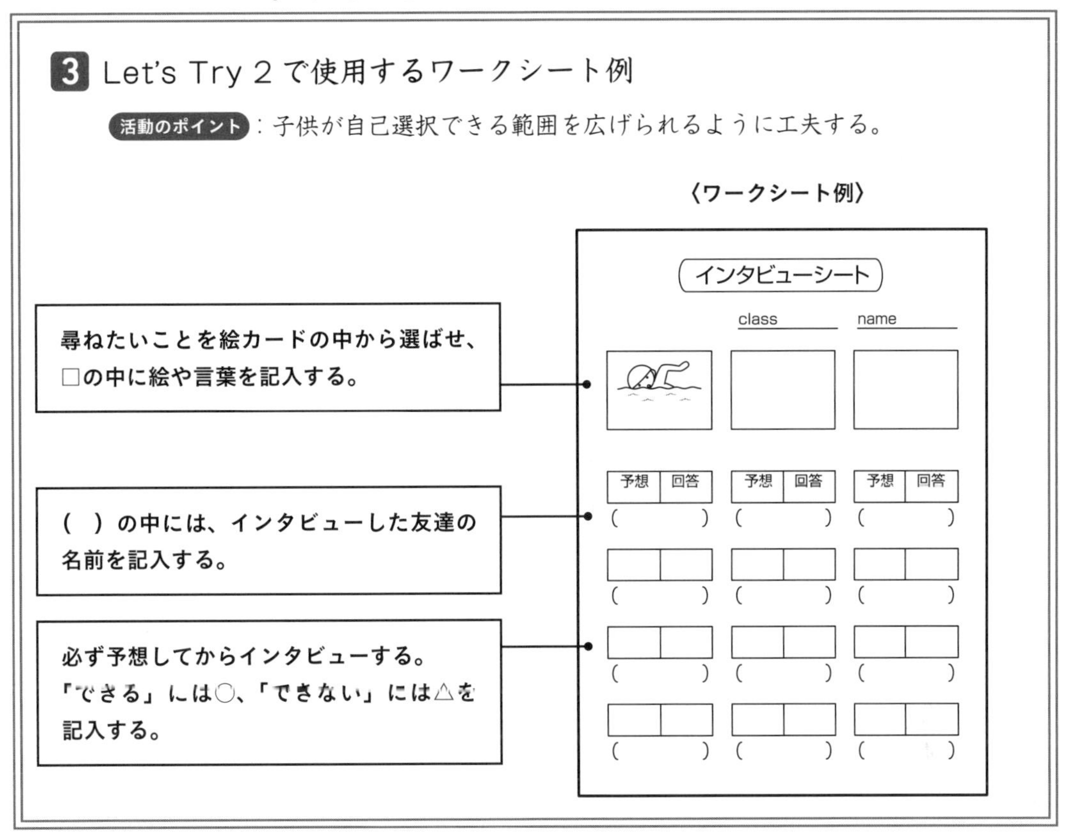

3 Let's Try 2 ：相手を見付けてインタビューする

ペアでの活動と同じワークシートを活用し、教室内を歩いて回り友達と尋ね合わせる。相手の答えを予想してから尋ね合わせるようにする。挨拶や相槌など、コミュニケーションを円滑にする表現も意識させる。インタビュー結果は次時の Let's Try 4 で活用する。

4 本時の学習を振り返る Sounds and Letters

友達にインタビューして、初めて知ったことや驚いたこと、うれしかったこと、頑張ったことなど振り返らせ、感想を交流する。教師は、子供のよかったところを取り上げて価値付ける。

※ Sounds and Letters を帯活動で行う。

第5時 インタビューをもとに、友達のできることを紹介しよう

本時の目標

インタビューをもとに、He/She を使って、第三者ができることを紹介することができる。

準備する物

・教師用デジタルブック
・前時までに使った絵カード（掲示用）
・動作の巻末絵カード（子供用）
・Small Talk に使う実物・写真
・Picture Dictionary

本時の言語活動のポイント

Small Talk では、He/She について説明するのではなく、第三者を紹介する話を聞かせ、状況等から類推させながら意味や使い方を理解させるようにする。例えば、教師と子供のやり取りを通して、He/She is/can ～. などの表現をくり返し聞かせることで子供の気付きを促すことができる。Let's Try 4 では、1人目と紹介し合った後、モデルとなるペアや困ったこと等を取り上げ、全体で共有する。共有したことを生かして再度相手を替えて取り組ませる。

【「話すこと［発表］」の指導に生かす評価】

◎本時では、記録に残す評価は行わないが、目標に向けて指導を行う。子供の学習状況を記録に残さない活動や時間においても、教師が子供の学習状況を確認する。
・第三者のできることについて話している様子を見取る。He/She の使い分けが不明瞭な様子が見られた場合、学級全体で確認するとともに、次時の Small Talk でも再度確認する。

本時の展開 ▷▷▷

1 Small Talk：he/she に気付く Starting Out No. 3 ～ 5

ある子供に Can you ～? で質問し、Yes, I can./No, I can't. で答えさせる。教師はその答えを使って他の子に He/She can/can't ～. に置き換えて表現し、第三者を表す he/she に気付かせる。同様のやり取りをくり返した後、Starting Out の No. 3 ～ 5 を聞かせる。

2 Let's Chant ④／Let's Try 4 友達のできることを紹介する

Let's Chant ④の後、前時にインタビューをした友達の中から1人選び、He/She を使ってペアで紹介し合う。He/She is my teacher/friend. など、追加したい情報を子供に考えさせてもよい。伝え合った後に He/She を紙面に書かせる。

1 Small Talk：教師が子供に Can you ～？で質問をする

活動のポイント：三人称への気付きを促す

3 Who is this? クイズ (Let's Try 3 の置き換え)

Let's Chant ①の後、Let's Try 4 で記入した情報をもとに Who is This? クイズを行う。子供に絵を見せながら “Who is this？” と尋ね、“He/She can ～.” とヒントを与える。子供は人物を予想する。クイズを通して、Who is ～? He/She is ～. He/She can ～. の表現に親しませる。

4 Let's Listen 2 次時の学習内容を確認する

Let's Listen 2 を行い、He/She を書く。次時では身近な人を紹介することを告げ、事前にインタビューしておくように子供に伝える。インタビューの仕方についても確認する。
※ Sounds and Letters を帯活動で行う。

第6時 「身近な人紹介カード」を作り、紹介しよう

本時の目標

身近な人のできることなどについて、自分の考えや気持ちなどを含めて話すことができる。

準備する物

・教師用デジタルブック
・振り返りカード／絵カード（掲示用）
・巻末コミュニケーションカード
・Small Talk で使う絵、写真など
・Picture Dictionary

本時の言語活動のポイント

Step 1では、紹介する目的を再度確認し、「自分が伝えたいことは何か」「そのためにどんな表現を使うか」を考え、目的意識や相手意識をもたせたい。Step 2では、3人組で紹介し合い、互いにアドバイスしたり感想を伝えたりすることで発表をよりよくさせる。また、「3人組→全体で共有→再び3人組」で活動することで、話すことに不安感を抱いていた子供もアドバイスや友達の紹介を参考にしながら練習し、自信をもって紹介できるようになる。

【「話すこと［発表］」の記録に残す評価】

◎身近な人についてのできることやできないことなどについて、自分の考えや気持ちなどを含めて話している。（知・技）〈行動観察〉

・第三者について話している様子を観察し、評価の記録を残す。目標に達していない子供については、改善のための助言や支援をした上で、次時の Small Talk やショー・アンド・テルで改善状況を確認する。

本時の展開 ▷▷▷

1 Small Talk 教師の身近な人について紹介する

Small Talk では、教師が身近な人の紹介例を示し、「ショー・アンド・テル」のイメージをもたせる。“Look at my card.” と問いかけ、ALT または子供から “Who is this?” を引き出す。できることに加えて職業など他の情報を話し、誰のことかを推測させる。

2 Let’s Chant ①④／Step 1 「身近な人紹介カード」を作る

Let’s Chant ①④で表現を確認した後、巻末のカードを活用し、紹介したい人の職業やできることなど、人物の情報を想像できるように絵を描くよう指示する。描き終わったら、その人物について紹介したいことの表現を考えさせていく。

3 4 できることなどを３人組で紹介し合い、全体で共有する

活動のポイント：全体で共有し合うことで自分の紹介活動に生かせるようにする

〈全体で共有する〉

3 Step 2　できることなどを３人組で紹介し合う

Step 3 のモデル映像を視聴させ、Sounds nice. や That's all. Thank you. It's your turn. などの表現にも気付かせる。子供はモデルにならって３人組で紹介し合う。３人目は観察者・支援者として扱う。アドバイスをもとに紹介内容を改善しながら次時に向けて準備をする。

4 全体で共有する Sounds and Letters

前活動で工夫して発表していた子供を紹介したり、表現の仕方で困ったことについて、学級全体で解決方法を考えたりする。その後、共有したことを生かし、再度３人組で取り組んだり、個人で練習したりする。

※ Sounds and Letters を帯活動で行う。

第7時 身近な人について、ショー・アンド・テルをしよう

本時の目標

身近な人のことをよく知ってもらうために、できることやできないことなどについて、自分の考えや気持ちなどを含めて話すことができる。

準備する物

・教師用デジタルブック
・振り返りカード　・Picture Dictionary
・絵カード（掲示用）
・巻末コミュニケーションカード
・Small Talk で使う絵、写真など

本時の言語活動のポイント

「身近な人紹介カード」を使ったショー・アンド・テルでは、自分が言いたいことを一方的に紹介するのではなく、他者に配慮しながら話すことを意識させるようにする。例えば、発表の合間に“Who is this?”などの質問をして反応を確かめたり、ジェスチャーや表情、間の取り方を工夫したりするなど、子供自身に気付かせながら、それらを取り入れて実践できるように段階的に指導する。また、発表を聞く側も、反応を返したり共感したりするなど、主体的に聞くことを意識させる。

【「話すこと［発表］」の記録に残す評価】

◎身近な人のことをよく知ってもらうために、できることやできないことなどについて、自分の考えや気持ちなどを含めて話している／話そうとしている。（思・判・表）（態）〈行動観察〉
・子供が第三者のできることについて話している様子を観察し、評価の記録を残す。

本時の展開 ▷▷▷

1 Small Talk 教師の身近な人について紹介する

教師または ALT が、第三者を紹介するショー・アンド・テルを行い、子供に例を見せる。その後、子供と一緒に主に使用する表現や発表の仕方の工夫などについて考えながら、本時の活動への意欲をもたせる。

2 Let's Chant ①④→ Step 3 ①紹介の仕方を確かめ合う

Let's Chant ①④で表現を確認した後、前回と同じ3人組でリハーサルを行う。前時の活動を振り返りながら、紹介の仕方を確認していく。教師は、前時でつまずきの見られた子供を中心に見て回り、適宜助言や支援をする。

2 紹介の仕方を確かめ合う

活動のポイント：活動前に表現を確認する

活動のめあてを確かめることで、子供が主体的に活動できるようにする。また、教師が Small Talk で手本を示したり、Let's Chant ①④を導入したりすることで、使用させたい表現の定着を図る。その後、前回と同じ3人組で紹介の仕方を再確認し、ペアでも前時の学習を生かして活動する。

3 Step 3 ②様々な友達と ショー・アンド・テルをする

ショー・アンド・テルでは、ペアになり自分の紹介したい人を伝える。ペアの相手を替えてくり返す。その際、相手の話を受け止めながら聞こうとする態度も大事にする。活動終了後は、数名の子供を指名し、全体の前で発表させる。

4 本時の振り返りをする

学んだ英語を使って伝えられてうれしかった。これからもいろんな場面で使ってみたい。

身の回りにはいろんな人がいてできることも様々でおどろいた。他の人にもインタビューしてみたい。

本時の活動を含めた単元の学習を振り返り、工夫したことや改善したこと、感想等を交流する。教師は、子供のよかったところを取り上げて価値付ける。英語で伝えることができた喜びや成就感を味わわせる。

※ Sounds and Letters を帯活動で行う。

第8時 身近な人について紹介したり、世界と日本の文化について考えたりしよう

本時の目標

身近な人について紹介したり、アルファベットの大文字を書いたりできる。世界で働く人々について考え、世界と日本の文化に対する理解を深める。

準備する物

・教師用デジタルブック　・振り返りカード
・Small Talk で使用する写真や絵
・家族を表す絵カード　・Picture Dictionary

本時の言語活動のポイント

本時の Small Talk では、前時で使った紹介カードで教師がクイズを出したり、数名の代表に出題させたりしながら、前時に目標に達することができなかった子供について改善状況を見取り、記録に残す。また、続いて地域学習で関わりのある方などをクイズに取り上げ、既習表現でヒントを出すことで、地域に目を向けさせるとともに、既習表現の定着も図るようにする。「日本のすてき」では、話の概要を捉えられるよう、「出身地」「仕事」など聞き取る際のポイントを与える。

【「話すこと［発表］」「書くこと」の記録に残す評価（補助的な評価）】

◎身近な人のことをよく知ってもらうために、できることやできないことなどについて、自分の考えや気持ちなどを含めて話している／話そうとしている。（思・判・表）（態）〈行動観察〉
◎アルファベットの大文字を書いている。（知・技）〈行動観察・教科書記述分析〉
・前時のショー・アンド・テルで目標に達することができなかった子について改善状況を確認する。

本時の展開 ▷▷▷

1 Small Talk Who is he/she? クイズをする

前時で使った紹介カードで教師がクイズを出したり、数名の子供が出題したりする。加えて、教師が用意した身近な人について、前時に目標に達することができなかった子供の改善状況も見取る。クイズを出し、ここでの活動を **2** の Do you know? での活動につなげる。

2 Do you know? → 「日本のすてき」を視聴する

「Do you know?」で日本と世界の共通点や相違点について考え、「日本のすてき」へつなげる。スリスさんの「出身地」「住んでいるところ」「仕事」について情報を聞き取らせる。答えを確かめた後、「琵琶の好きなところ」についても聞き取らせる。

4 Sounds and Letters【大文字の書き取り①〜④　p.93】

活動のポイント：似た特徴をもつアルファベットの文字の組み合わせで書かせる

3文字の名前を書き取らせる際、アルファベットの文字をランダムに選んだり、学級の実態から選んだりすることもできるが、他に次のパターンで書かせることも考えられる。

〈例 1〉形が似ているもの
BRP、AVXY、EFH、MNWZ、CGDOQ、UJS、LIT、など

〈例 2〉音が似ているもの
AHJK、BCDEGPTVZ、IY、FLMNSX、OR、QUW、など

〈例 3〉つなぐと単語になるもの
DOG、CAT、PEN、JAM、BOX、YAK、SUN、ICE、FUN、HOT、LEG、WHY、RED、ZOO など

3 ことば探検：「家族」を表す日本語と英語を比べる

音を聞いた後に文字を見せることで、子供が音と文字を関連させながら言葉に着目できるようにする。子供は Unit 3 の Over the Horizon で、「職業」を表す語の中に語尾が er の単語があることを学んでいることから、そのときの学習を想起させるとよい。

4 本単元を振り返る Sounds and Letters

本単元の活動を振り返り、ワークシートに記入させる。教師は子供の頑張りを称賛し、価値付ける。その後、Sounds and Letters の「大文字の書き取り④」と「アクセント④」を行う。学級の実態等によって、どちらか1つを選択して行うことも考えられる。

本単元の Key Activity

Step 2　できることなどを3人組で紹介し合う

活動の概要

導入での教師による Small Talk を参考にしながら、「身近な人紹介カード」を作り、カードを使って3人組でショー・アンド・テルのリハーサルをする。それぞれの工夫を見合ったり、アドバイスし合ったりしたことをもとに、さらに自分の発表内容を改善し、次時の活動に向けて練習する。子供たちが相手意識や目的意識をもって紹介し合うことができるようにする。

活動をスムーズに進めるための3つの手立て

①モデル視聴（Step 3）
Sounds nice. や That's all. などの表現に気付かせ参考にさせる。

②教師の支援
つまずきが予想される子供を把握し、個別に助言や支援をする。

③子供の課題を取り上げる
質問や困ったことなどを全体で取り上げ、その解決方法を共有する。

感想を伝えるのに、nice の他にどんな言葉がありますか？

活動前のやり取り例（教師による Small Talk）

T：Hello, Yuri.　　A：Hello, Ms. Nakamura.
T：This is my card. Please look at my card.　　A：Who is he?
T：This is Nakamura Yoshio.
A：Who is Nakamura Yoshio?
T：He is my father. He is a teacher. He can cook well. He can play soccer well.
A：Sounds nice.
T：I like soccer. I can play soccer well, too. Can you play soccer well?
A：Yes, I can./No, I can't.
T：I see. That's all. Thank you, Yuri. It's your turn.
A：OK. It' my turn.

活動前のやり取りのポイント

Small Talk で教師がショー・アンド・テルを行い、発表の例を示す。「身近な人紹介カード」の作り方や発表での見せ方等、発表を見る相手を意識して工夫するよう、そのためのポイントを示す。第三者を紹介するための表現については、Picture Dictionary が活用できることを知らせる。

単元の評価規準

[知識・技能]：Where is ～? Go straight for ～ block (s). Turn left/right. It's by/in/on/under ～. You can see it on your left/right. 及びその関連語句などについて、理解しているとともに、場所や位置などについて、聞いたり書いたり伝え合ったりしている。

[思考・判断・表現]：相手が伝えたい場所を知ったり自分の町のお気に入りの場所を知ってもらったりするために、場所や位置などについて、聞いたり伝え合ったりしている。

[主体的に学習に取り組む態度]：相手が伝えたい場所を知ったり自分の町のお気に入りの場所を知ってもらったりするために、場所や位置などについて、聞いたり伝え合ったりしようとしている。

第5・6時	第7・8時
第3小単元（展開②）	**第4小単元（まとめ）**
あったらよいと思う場所を道案内して伝え合ったり、お気に入りの場所を書き写したりする。	自分の町のお気に入りの場所を知ってもらうために道案内をし合う。
5．場所までの道順を聞き取ったり、尋ねたり答えたりしよう 道案内を聞いて、短い話の概要を捉える。 Who is this? クイズを行う。 p.46、47の地図にあったらよいと思う施設を書き込み、友達と道案内をし合う。 Small Talk で教師のあったらよいと思う建物や施設について知り、次時の学習を知る。 **6．お気に入りの場所を書き写そう** Small Talk をする。 自分の町のお気に入りの場所を書き写し、「お気に入りの場所カード」を完成させる。	**7．自分の町のお気に入りの場所を知ってもらうために道案内をしよう①** グループで、自分の町のお気に入りの場所を道案内し合う。 **8．自分の町のお気に入りの場所を知ってもらうために道案内をしよう②** 友達と自分の町のお気に入りの場所を道案内し合う。その後、音声を聞いて始まりの音が同じ単語にチェックを入れる。 Over the Horizon の「日本のすてき」を聞いて、日本の魅力についての短い話の概要を捉える。

【主体的・対話的で深い学びの視点】

自分の町が題材となっているため、子供の主体的な取組が促されると考える。また、道案内は、子供にとって実際のコミュニケーションの場面を想定しやすい題材であると言えよう。活動を通して、自分たちの住んでいる地域のよさを再発見し、それらを大切に思う気持ちをもつきっかけになることを期待したい。さらに、お気に入りの場所を知ってもらうために、相手に分かりやすく道順を伝えるにはどんな工夫をしたらよいか、自分の町の魅力としてどんなことを伝えたらよいか等についても、本単元を通して子供に考えさせたい。

【評価のポイント】

十分に語句や表現に慣れ親しんでから、「聞くこと」「話すこと［やり取り］」「書くこと」の3領域について記録に残す評価を行う。「聞くこと」については、場所を聞き取るワークシートの内容から、「話すこと［やり取り］」については、子供同士で道案内をし合う様子から、「書くこと」については、自分の町のお気に入りの場所を書き写す様子や「お気に入りの場所カード」から、適切な評価を行う。第4時までは、記録に残す評価は行わないが、子供の学習状況を見取り、目標に向けて指導改善を行い、子供全員が「おおむね満足できる」状況となるようにする。

第1時 建物や施設を表す表現を聞いたり言ったりしよう

本時の目標

場所を尋ねたり答えたりする表現を知るとともに、建物や施設を表す表現を聞いたり言ったりすることができる。

準備する物

・デジタル教材　・Picture Dictionary
・振り返りカード
・ワークシート（活動 4 用）
・道案内・建物の絵カード（掲示用）
・Small Talk に使う地図

本時の言語活動のポイント

本時の最初の活動である Small Talk では、教師は自分が行きたい目的地の場所を尋ねる。このとき、実際に住んでいる地図を用いたり、なぜ、その目的地に行きたいのかを伝えたりすることで、実際の生活体験を想起しながら、やり取りをする。

また、教師は途中で道順をくり返し言うことで確認をしたり、目的地に着いたときには "Thank you." などと反応をしたりすることで、子供が他者に配慮したやり取りをするためのポイントに気付くことができるようにする。

【「聞くこと」「話すこと［やり取り］」の指導に生かす評価】

◎本時では、記録に残す評価は行わないが、目標に向けて指導を行う。子供の学習状況を記録に残さない活動や時間においても、教師が子供の学習状況を確認する。
・建物や施設を表す表現をくり返し聞き、十分に慣れ親しむことができるようする。

本時の展開 ▷▷▷

1 Small Talk をする

子供が住んでいる町の地図を見せ、"Where is the post office?" などと目的地の場所を子供に尋ねる。地図をなぞり、道案内をする表現を使い、子供と一緒に目的地を目指す。ここで、場所を尋ねたり答えたりする表現に出合う。

2 ポインティング・ゲームをする

子供に自分の住む町にどんな建物があるかを尋ね、建物や施設を表す言い方に出合う。ポインティング・ゲームでは、Picture Dictionary p.22、23を活用し、建物や施設を表す表現をくり返し言ったり聞いたりして、単語や表現に十分に慣れ親しませる。

2 建物や施設を表す言い方との出合いとポインティング・ゲーム

活動のポイント：子供とやり取りをしながら、建物や施設を表す言い方に出合うことができるようにする。

教師は “What do you have in your town?” と問いかけ、子供が自分の住む町にある建物や施設を答える。子供から出た建物や施設の絵カードを Small Talk で使った地図の横に掲示していく。ある程度の絵カードを掲示したところで Small Talk で使った地図を見ながら、その他の建物や施設の言い方を知る。ポインティング・ゲームでは、Picture Dictionary を活用する。

3 Let's Sing “Excuse me” を歌う

歌う前に、教師が “Go straight.” などの表現を言い、子供はその場でその通りの動作を行う。体を動かしながら動作を指示する表現に慣れ親しみ、Let's Sing では、少しずつ止めたり動作を確認したりしながら歌う。

4 Over the Horizon Do you know?

教科書 p.52、53を見て、記号や標識の意味について話し合った後に、ピクトグラムの役割について考えさせる。活動の最後には、自分たちの町にある建物のオリジナルピクトグラムを作成し、ペアで紹介し合う。紹介し合う前に教師はデモンストレーションを行う。

第2時 ものの位置を聞き取ったり、尋ねたり答えたりしよう

本時の目標

ものの位置を表す表現を聞き取ったり、尋ねたり答えたりすることができる。

準備する物

・デジタル教材
・振り返りカード
・ワークシート（活動 2 用）
・日常生活・位置の絵カード（掲示用）
・Small Talk に使う地図

本時の言語活動のポイント

活動 1 では、教師に探し物がどこにあるかを伝えることを通して、位置を表す表現に出合うことをねらいとしている。やり取りをする上で、道順を伝えるだけでなく、位置を伝える必要性を感じることができるような場面を設定しておきたい。

活動 4 は、「部屋のイラストを完成させる」という目的意識をもって子供同士がやり取りをすることができるようにする。活動の前には、子供を巻き込んでデモンストレーションを行い、表現に十分慣れ親ませておく。

【「聞くこと」「話すこと［やり取り］」の指導に生かす評価】

◎本時では、記録に残す評価は行わないが、目標に向けて指導を行う。子供の学習状況を記録に残さない活動や時間においても、教師が子供の学習状況を確認する。
・ものの位置を表す表現を言ったり聞いたりして、十分に慣れ親しむことができるようにする。

本時の展開 ▷▷▷

1 Small Talk をする

教師が、地図を見ながら探し物の場所を子供に尋ねる。探し物の場所まで辿り着いたところで、位置を表す表現に触れる。この際、教師は道順をくり返すことで、道案内をする表現に慣れ親しむことができるようにする。

2 Let's Listen 1 探し物がどこにあるかを聞く

この活動では、位置と身の回りのものの言い方を確認する。両手を使って位置関係を確認するとよい。Let's Listen 1 の音声を聞いた後、１人の子供が教科書 p.48のイラストの中から探し物を決めて、問題を出すという活動を行うこともできる。

1 Small Talk

活動のポイント：場面を設定してやり取りをする。

まずは、「猫を探している」など具体的な場面を設定し、前時で出合った表現を使って Small Talk を行う。完璧に表現を使うことは難しいと思われるので、教師と一緒に確認しながらやり取りをする。その中で、位置を表す表現に出合い、ジェスチャーを使いながら子供とやり取りをすることで、位置関係のイメージをつかむことができるようにしたい。

3 身の回りのものの場所を伝え合う

ペアになり、身の回りのものの小カードを使い、ものの位置を伝え合う。1人が小カードを好きな場所に置き、"Where is the cap?" などと尋ねる。もう1人は、"It's by the ball." などと答える。子供が持っている文房具等を使ってやり取りをすることもできる。

4 子供によるペアでのやり取り

ペアで同じ部屋のイラストを持っているが、それぞれには描かれていないものがある。それらがどこにあるのかを尋ね合い、部屋のイラストを完成させる。完成したペアには、教師が "Where is the ball?" などと尋ねると表現が定着しているか確認できる。

第3時 ある場所までの道順を表す表現を聞き取ろう

本時の目標

ある場所までの道順を表す表現を聞き取ることができる。

準備する物

・デジタル教材
・振り返りカード
・道案内の絵カード（掲示用）
・建物の絵カード（掲示用）
・道案内で使用する足形の付いた駒

本時の言語活動のポイント

活動 3 では「警察官として道案内をするために」という場面や目的を意識してコミュニケーションを行う。こうすることで、実際にコミュニケーションを図る際、相手により分かりやすく道順を伝えるためにどんな工夫をすることができるかを子供が思考することができる。

また、道案内される側も、相手の言っていることを確実に聞き取ることができるようにするために、相手の言ったことをくり返したり、地図を指し示したりしながらコミュニケーションを図ることができるようにしたい。

【「聞くこと」の指導に生かす評価】

◎本時では、記録に残す評価は行わないが、目標に向けて指導を行う。子供の学習状況を記録に残さない活動や時間においても、教師が子供の学習状況を確認する。

・Let's Listen 2 で、道案内をする表現について、聞き取ることができているかを観察する。

本時の展開 ▷▷▷

1 ミッシング・ゲームをする

単語や道案内をする表現に十分慣れ親しむ。ミッシング・ゲームでは、教師が建物のカードを何枚か提示する。その中からカードを選んで隠し、子供はなくなったカードを当てる。隠すカードの枚数を変えたり、子供にカードを選ばせたりすることもできる。

2 Let's Listen 2 をする

Let's Listen 2 の前に Starting Out をする。このとき、子供と一緒にゆっくりくり返すことで、表現に十分に慣れ親しんでから、Let's Listen 2 に移ることができるようにする。手立てとして、足形を付けた駒を使いながら地図をなぞる方法がある。

 板書のポイント：相手に分かりやすく道順を伝えるための工夫を書き出す。

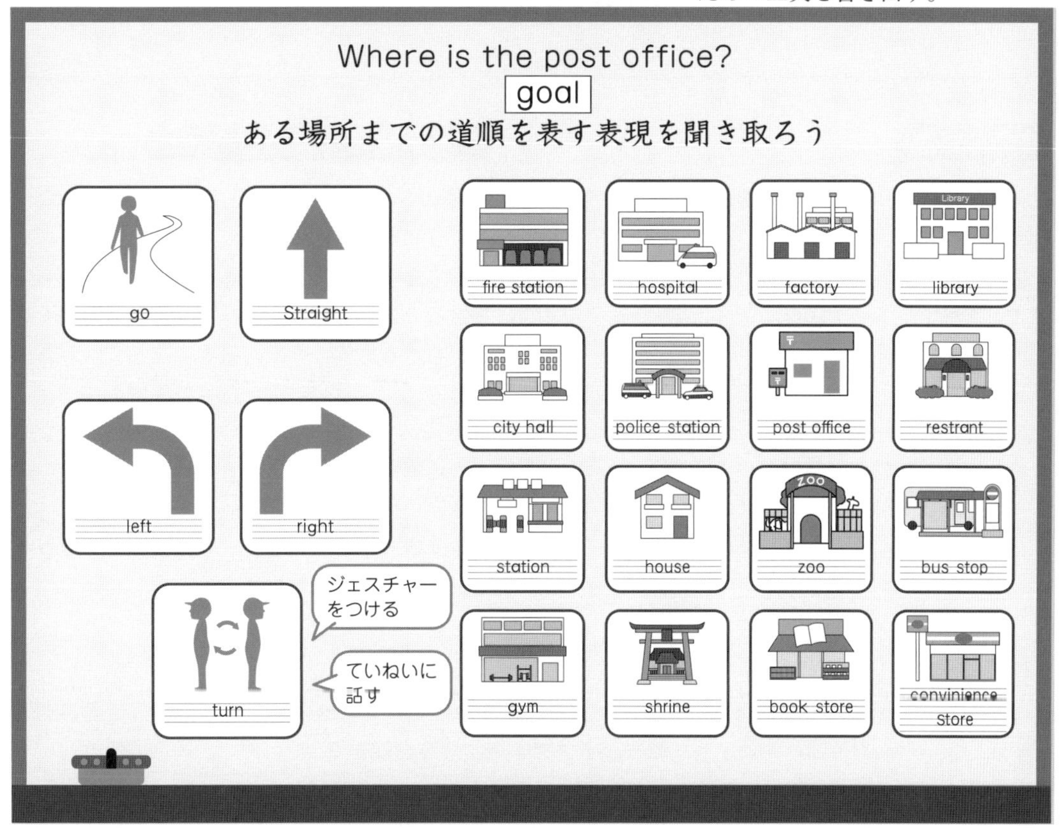

3 Let's Try 4 ペアになって、道案内をし合う

警察官とグリーン先生になったつもりで場所を尋ね合う。活動の前に、「相手に分かりやすく道案内をするにはどうしたらいい？」と問いかけ、相手に伝わりやすい話し方や、現在地を確認してから案内するなどの伝え方について考えさせたい。

4 道案内をする表現が使われる話を聞く

「ある町の観光を楽しむために」など、聞く目的を設定する。ワークシートには、地図と観光スポット（建物や施設）を書き込む欄と分かったことを自由に書き込む欄を作っておく。つまずきが見られる子供には、継続的に個別支援等を続け、改善状況を見守っていく。

第4時 場所を尋ねたり答えたりしよう

本時の目標

場所を尋ねたり答えたりすることができる。

準備する物

・デジタル教材
・振り返りカード
・建物の絵カード（掲示用）
・Small Talk に使う地図
・道案内で使用する足形の付いた駒

本時の言語活動のポイント

3 の Small Talk では、次時の学習につながるように教師が町にあったらよいと思う場所の道案内をする。自分の町を思い浮かべながら話をすることで、興味をもって教師の話を聞くことができるだろう。ただ道案内をして終わるのではなく、これまでに子供が学習してきた I like ～. や I can ～. などの表現を使って、なぜその建物があったらよいと思うのかを話す。その後、子供にも “Do you like ～?” などと尋ねてやり取りをすることで、今後の活動でそれらの表現を使うことができるようにしたい。

【「話すこと［やり取り］」の指導に生かす評価】

◎本時では、記録に残す評価は行わないが、目標に向けて指導を行う。子供の学習状況を記録に残さない活動や時間においても、教師が子供の学習状況を確認する。
・ペアになって建物の場所を尋ねたり答えたりする活動を中心に見取る。

本時の展開 ▷▷▷

1 What’s this? クイズをする

教師は、ある建物の写真を封筒に入れておき、その写真を封筒から少しずつ取り出しながら、“What’s this?” と尋ねる。子供は、封筒に入っている建物が何かを当てる。子供が住んでいる町にない建物を選ぶことで、本時の活動の導入とすることができる。

2 Enjoy Communication Step 1 をする

教科書 p.46、47の地図の中から目的地を選び、ペアでスタート地点を決めてから道案内を行う。前時と同様に、相手に分かりやすく道順を伝えるにはどんな工夫ができるかを考えながら案内をさせたい。ペアを変えて何回か行うことができるとよい。

1 What's this? クイズ

活動のポイント：子供を巻き込んでやり取りをしながらクイズを行う。

まず、教師はクイズを出すことを子供に伝える。ALT がいる場合は、ALT に "Do you have some quiz?" と尋ねて、クイズをスタートしてもよい。子供が写真の建物や施設が何かを当てたときに、写真を見せ、絵カードを黒板に貼りながら建物や施設の言い方を想起させる。このときに、自分の住む町にあるかどうかなどを尋ねることで、子供とやり取りをするようにしたい。クイズに出てなかった施設や単語の言い方は、絵カードを使って想起させる。

3 Small Talk をする

教科書 p.46、47の地図の空いているスペースで A・B・C 3 つの地点を決めておく。子供が教師に "What do you want?" と尋ねると、教師は "I want an aquarium." と答える。子供は aquarium がどこにあるかを予想し、教師が道案内をして場所を伝える。

4 Sounds and Letters

お気に入りの場所を書き写す活動に抵抗なく取り組むことができるように、単元を通しての帯活動として Sounds and Letters を取り入れる。本時では、教科書 p.93を活用し、教師が言った小文字を書き取る。文字の形に気を付けて書かせるようにしたい。

第5時 場所までの道順を聞き取ったり、尋ねたり答えたりしよう

本時の目標

場所を聞き取ったり、町にあったらよいと思う場所への道順を尋ねたり答えたりすることができる。

準備する物

・デジタル教材　・振り返りカード
・道案内・建物の絵カード（掲示用）
・Let's Try 2 ワークシート
・Small Talk で使う地図

本時の言語活動のポイント

2 デモンストレーションを行ってから、友達と町にあったらよいと思う場所を道案内して伝え合う活動を行う。子供は、自分の好きなものを思い浮かべながら、あったらよい場所を考えるだろう。道案内をすることはもちろん、既習表現を使い、なぜその場所があったらよいと思ったかを伝え合う。そうすることで、友達のことをもっとよく知ったり自分のことを知ってもらったりして、コミュニケーションを図ることの喜びを感じることができるようにしたい。

【「聞くこと」「話すこと［やり取り］」の記録に残す評価】

◎場所を聞き取ったり、町にあったらよいと思う場所への道順を尋ねたり答えたりしている。（知・技）〈行動観察・ワークシート分析〉

・道案内の音声から聞き取ったことを記入したワークシートを分析する。また、子供が町にあったらよいと思う場所を道案内し合っている様子の観察を行い、記録に残す評価を行う。

本時の展開 ▷▷▷

1 Let's Try 2 をする

道案内を聞き、地図の中にあるものを見付け、ワークシートに書き込む。何回か音声を聞かせるとよいが、「１回目で聞き取ることができたことは黒、２回目で聞き取ることができたことは青で書く」などと指示をしておくと評価に役立てることができる。

2 Who is this? クイズをする

前時で教師があったらよいと思う施設について話しているため、ALT や学校の先生があったらよいと思う建物や施設、その理由をヒントとしたクイズを行う。道案内をする表現や既習表現を使って、活動 3 のデモンストレーションとなるようにする。

3 Enjoy Communication Step 2

活動のポイント：クイズ形式にすることで、尋ねる然性をもたせる。

C1：What do you want?
C2：I want a stadium.
　　Where is the stadium? Please guess.
　　[A]?[B]?[C]?
C1：B!
C2：OK! I guide you. You are here. Go straight for one block.
　　Turn left …. You can see it on your left.
　　This is the stadium. I like sports.
C1：Oh, you like sports. What sport do you like?
C2：I like soccer. How about you?
C1：Wow! Me, too.

p.46、47 の地図で空いているスペースに[A]・[B]・[C]、3 つの付箋紙を貼っておく。このとき、その中の 1 枚の付箋紙の下に自分のあったらよいと思う建物や施設を書いておく。聞く側の子供には、相手のあったらよいと思う建物や施設が A・B・C のどこにあるかを予想させることで、「聞きたい」という意欲をもたせたい。

3 Enjoy Communication Step 2 をする

まず、自分の町にあったらよい建物や施設を伝える。そして、その建物や施設がどこかにあるかを互いに予想してから、道案内して場所を伝え合う。中間指導で、既習表現を使ったり反応したりしてやり取りができているペアを取り上げ、紹介するとよい。

4 Small Talk をする

実際に教師が作成した「お気に入りの場所カード」を見せながら、教師のお気に入りの場所を道案内して伝える。あったらよいと思う場所の話題から、自分の住む町のよさについて目を向けさせ、今後の活動への意欲をもたせることをねらいとしている。

第6時 お気に入りの場所を書き写そう

本時の目標

例文を参考に、お気に入りの場所を書き写すことができる。

準備する物

・デジタル教材
・振り返りカード
・建物の絵カード（掲示用）
・「お気に入りの場所カード」
・Picture Dictionary

本時の言語活動のポイント

活動 2 では、例文を参考にして自分のお気に入りの場所を書き写す。自分が本当に伝えたいことを書くため、子供の主体的な取組が促されるだろう。Small Talk での建物や施設を表す表現を十分に想起し、Picture Dictionary を手本に活用することで、全員が自信をもって書くことができるようにしたい。また、書くときには教師が「お気に入りの場所を思い浮かべながら書こうね」と声をかけ、丁寧に文字を書くことができるようにしたい。

【「書くこと」の記録に残す評価】
◎例文を参考にお気に入りの場所を書き写している。（知・技）〈行動観察・ワークシート分析〉
・子供が自分の町のお気に入りの場所を書き写す様子を観察したり、「お気に入りの場所カード」を分析したりして、「知識・技能」の観点から記録に残す評価を行う。

本時の展開 ▷▷▷

1 Small Talk をする

まず、教師が自分の家でのお気に入りの場所について話すことで、子供に Small Talk の題材を提供する。子供に “What's your favorite place in your house?” と投げかけ、子供同士のやり取りにつなげる。

2 自分の町のお気に入りの場所を書き写す

Picture Dictionary 等を活用し、自分の町のお気に入りの場所を書き写す。子供が書き写す前に、教師が自分のお気に入りの場所を前で書き写し、手本を見せるとよい。その際、文字の形に注意することや、単語と単語の間にスペースを入れることに触れておく。

 板書のポイント：書き写すときのポイントを、手本とともに書き出す。

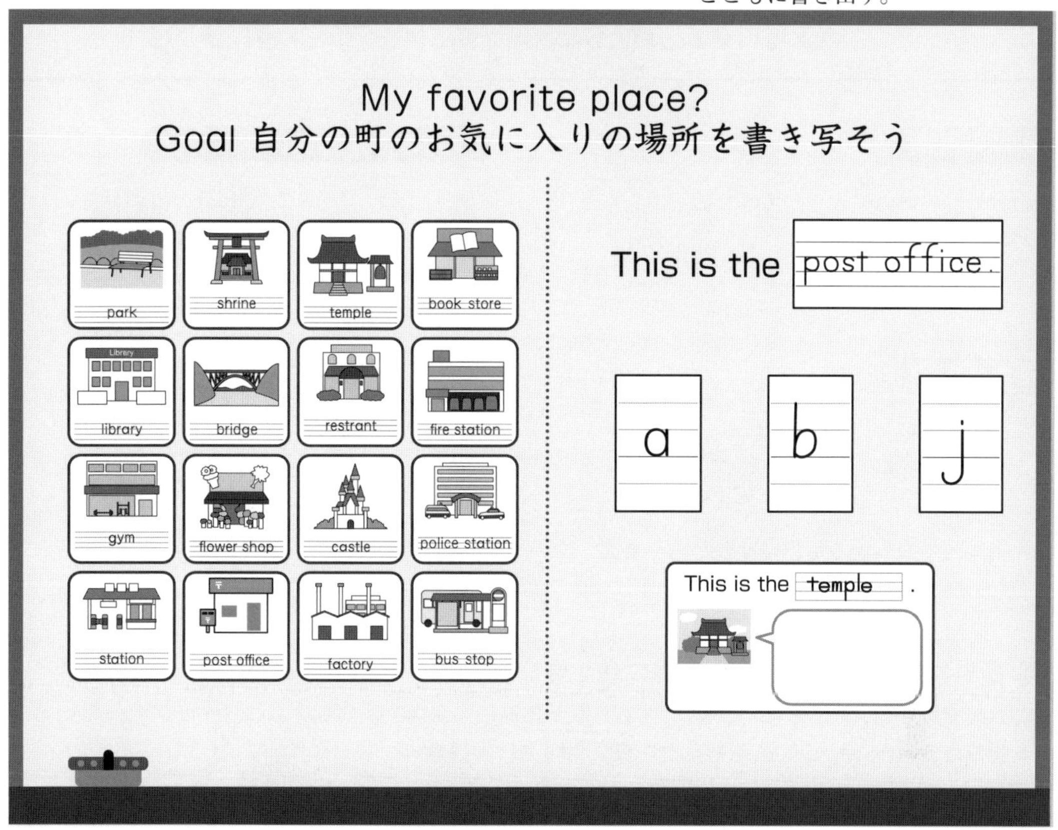

3 「お気に入りの場所カード」と地図を完成させる

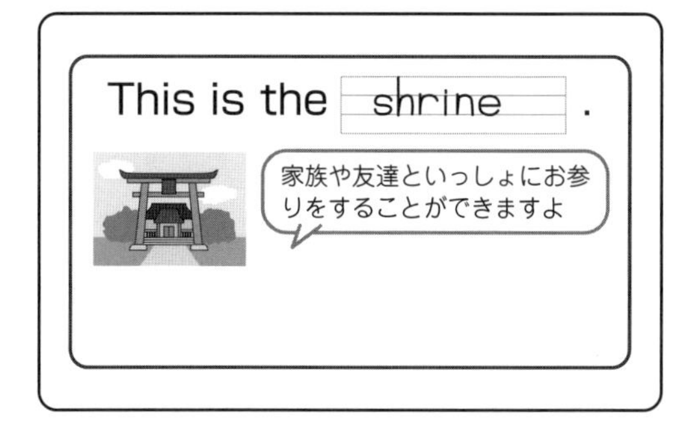

自分の町のお気に入りの場所を書き写したものに、写真やイラスト、その場所のお気に入りポイントを日本語で書き足し、「お気に入りの場所カード」を完成させる。パンフレットのような形にして、後から見返したり掲示したりできるようにしてもよい。

4 Over the Horizon ことば探検

活動 2 で、アルファベットの文字の形に注意して自分の町のお気に入りの場所を書き写したことを振り返り、アルファベットの文字の成り立ちについて気付いたことを話し合う。ひらがなやカタカナの成り立ちについても話し、日本語と英語の成り立ちを比較するのもよい。

第7時 自分の町のお気に入りの場所を知ってもらうために、道案内をしよう①

本時の目標

自分の町のお気に入りの場所を知ってもらうために、場所や位置などについて伝え合うことができる。

準備する物

・デジタル教材
・振り返りカード
・建物の絵カード（掲示用）
・道案内で使用する足形の付いた駒や地図
・「お気に入りの場所カード」

本時の言語活動のポイント

本時では、グループで自分の町のお気に入りの場所を道案内し合い、次時の最終活動につなげる。グループで道案内して自分のお気に入りの場所を伝え合うことで、相手により分かりやすい道順を伝えるためにどんな工夫ができるか、自分の町のよさとして何を伝えたらよいかを改めて考えることができるだろう。

また、グループで教え合いながら活動をすることで、英語を話すことに自信のない子供も、次時の活動では自信をもってコミュニケーションを図ることができるようにしたい。

【「話すこと［やり取り］」の記録に残す評価】

◎自分の町のお気に入りの場所を知ってもらうために、場所や位置などについて伝え合っている／伝え合おうとしている。（思・判・表）（態）〈行動観察〉

・グループで道案内してお気に入りの場所を伝え合っている様子を観察し、評価の記録を残す。

本時の展開 ▷▷▷

1 Small Talk をする

第6時に引き続き、前時とは違う相手と家でのお気に入りの場所について伝え合う。子供たちが、I can ～. Can you ～? Do you like ～? などを使うことが期待される。

2 Where is this? クイズをする

子供が住む町にある建物や施設のヒントを提示し、それが何かを当てる。自分が住む町が題材になっているため、主体的に活動に取り組むことができるだろう。当てることができたら、教師は “You are here.” と現在地を示し、子供がその建物へ道案内する。

3 グループでお気に入りの場所を道案内し合う

活動のポイント：グループで活動し、互いにアドバイスしたり質問したりする。

C1：Where is my favorite place? Please guess.
C2, C3&C4：○○ shrine! ○○ library!
C1：OK! I guide you. You are here.
Go straight for a block. Turn right.
Go straight for three blocks. Turn left. Go straight. You can see it on your right. This is the ○○ library.
C2：Oh, this is the ○○ library.
C1：You can read many books. I like reading books.
C3：Oh, nice! You like reading books. Me, too.
C4：What (kind of) book do you like?
C1：I like mysteries. How about you?…

自分の住む町にあるお気に入りの場所を伝え合っているので、どの子供にとっても馴染みのある場所であることが多い。前時までの経験を想起し、分かりやすい道順やその建物や施設の魅力として何を伝えたらよいかについて話し合い、次時の最終活動につなげる。

3 グループで道案内をし、自分の町のお気に入りの場所を伝え合う

「お気に入りの場所カード」と自分の町の地図を使ってグループで道案内し合う。互いに自分の町のお気に入りの場所がどこなのかを予想してから伝え合う。このように、クイズのような形式にすることで、話を聞く必然性をもたせることができるだろう。

4 本時の振り返りをする

これまでと同様に、振り返りの観点を示す。お気に入りの場所を伝え合うときによくできたことや、今日グループでアドバイスし合ったことを受けて、次時の最終活動でどんな工夫をしてやり取りをしたいかを振り返りカードに記述させるとよい。

第8時 自分の町のお気に入りの場所を知ってもらうために、道案内をしよう②

本時の目標

自分の町のお気に入りの場所を知ってもらうために、場所や位置などについて伝え合うことができる。

準備する物

・デジタル教材
・振り返りカード
・建物の絵カード（掲示用）
・道案内で使用する足形の付いた駒や地図
・「お気に入りの場所カード」

本時の言語活動のポイント

本単元の最終活動として、友達と自分の町のお気に入りの場所を道案内し合う。子供は単元を通して、改めて自分の住む町について考えてきただろう。本時の活動で友達のお気に入りの場所について知ることで今まで気付かなかった自分の町のよさを再発見し、自分の町をより一層大切にしたり、よさを伝えようとしたりする態度を育てたい。そのために、これまで取り組んできたように道案内をすることに加えて既習表現を使って質問をするなどして、内容の濃いやり取りをすることができるようにしたい。

【「話すこと［やり取り］」の記録に残す評価】
◎自分の町のお気に入りの場所を知ってもらうために、場所や位置などについて伝え合っている／伝え合おうとしている。（思・判・表）（態）〈行動観察〉
・道案内してお気に入りの場所を伝え合っている様子を観察し、評価の記録を残す。

本時の展開 ▷▷▷

1 Small Talk をする

本時の活動のデモンストレーションとして、道案内をし「お気に入りの場所カード」を見せながら ALT のお気に入りの場所を伝える。お気に入りの場所がどこかを予想させることで子供を巻き込んだり、教師と ALT でやり取りをしたりする。

2 友達と自分の町のお気に入りの場所を道案内し合う

これまでのように、相手のお気に入りの場所を互いに予想してから、自分の町のお気に入りの場所を道案内する。その場所を選んだ理由やお気に入りポイントについても伝え合う。教室内を歩いたり、時間で区切って席を移動してペアを変えたりする。

2 友達とお気に入りの場所を道案内し合う

活動のポイント：中間指導で、困ったことをみんなで共有し、後半のやり取りに生かす。振り返りの際は、その場所を選んだ理由を言ったり、相手に質問できたりしたことを称賛する。

3 何人かの子供が道案内をする

活動 2 で質問をしたり反応したりしながらやり取りができていたペアを取り上げて、前で道案内をさせる。最後には「お気に入りの場所に行ってみたくなるくらい上手に伝えられたね」と、活動でよくできていた点を褒め、達成感を味わわせたい。

4 Over the Horizon 「日本のすてき」を視聴する

日本に住む外国人が話す日本のよさについて聞き、話の概要を捉える。自分の住む町のよさを再発見できたことと関連付けて、日本全体で見てもその土地ならではのよさがあるということに気付かせ、今後の外国語の学習につなげるようにしたい。

自分の町のお気に入りの場所を伝え合う道案内

活動の概要

第８時において、本単元の最終活動として、道案内をして自分の町のお気に入りの場所を伝え合う。子供は「お気に入りの場所カード」と自分の住む町の地図を持ってやり取りをする。自分の住む町の地図の中のどの建物や施設が相手のお気に入りの場所かを予想してから場所を尋ねる。道案内をして終わるのではなく、既習語句や表現を使い、その場所を選んだ理由やお気に入りポイントについても伝え合うことができるようにしたい。

活動をスムーズに進めるための３つの手立て

①掲示物
道案内をする表現を掲示することで、自信をもってやり取りできるようにする。

②お気に入りの場所カード
イラスト、おすすめポイント等を書き、伝えたいと思えるものにしておく。

③中間指導
やり取りでよくできていたことや英語で言えなかったことを共有する。

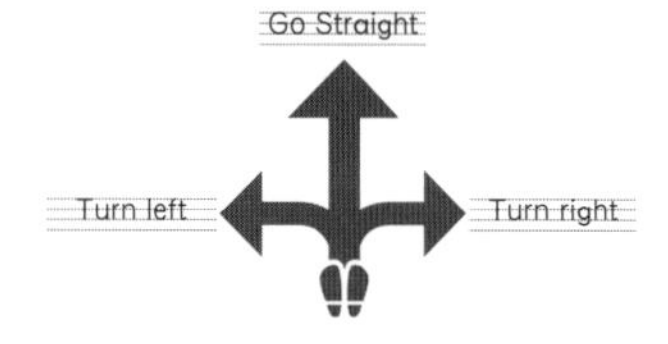

○○さんがうなずいて聞いてくれて楽しく話せました！

活動前のやり取り例

HRT：Now, ○○ *sensei* tells you her favorite place. So please guess.
ALT ：Where is my favorite place? Please guess.　　C1：○○ restaurant!
ALT ：Oh, you guess ○○ restaurant. Why?　　C1：You like fish!
HRT：I think so. ○○ *sensei* likes fish! Now let's listen to ○○ *sensei*.
ALT ：OK! I guide you. You are here. Go straight for three blocks. Turn left. Go straight for two blocks. Turn right. You can see it on your left. This is the ○○ restaurant. You can eat fish. Do you like fish?
C2 ：Yes, I do! I like salmon ….

活動前のやり取りのポイント

ALT が道案内をして、自分の町のお気に入りの場所を伝えることで、活動のデモンストレーションとする。その際、教師が ALT とやり取りをしながら子供を巻き込み、対話をするようにしたい。Small Talk の後には、「○○先生のお気に入りの場所がよく分かったけど、みんなのお気に入りの場所も聞きたいな」などと話し、活動への意欲をもたせたい。

活動のポイント

自分のお気に入りの場所を伝えることで、自分の町のことを多くの人に知ってもらおうとする意欲を高めたい。また、友達のお気に入りの場所を知ることで、自分が気付かなかった町のよさを再発見し、自分の町を大切にしようとする態度を育てたい。ALT がいる場合は ALT に聞いてもらうことで、実際の場面を想像しながらやり取りをすることができるので、子供にとってより体験的な活動となるだろう。

活動後のやり取り例

HRT：Please guide your favorite place. Any volunteers?
C1　：Yes! …Where is my favorite place? Please guess.
Cs　：○○ park! ○○ stadium!
C1　：OK! I guide you. You are here. Go straight for two blocks. Turn right.
Go straight for one block. You can see it on your left. This is the ○○ bridge.
I like the river.
C2　：Oh, wonderful! This is the ○○ bridge. Can you see the beautiful scene?
C1　：Yes! We can see beautiful sunset.
C2　：Thank you. That sounds good.
C1　：Thank you. How about you?…
HRT：Good job! Nice reactions. Give your hands.

活動後のやり取りのポイント

何人かの子供が前で道案内を行う。中間指導で、英語で言えなかったこと等を共有しているため、内容の濃いやり取りができるだろう。その場所を選んだ理由を言ったり相手に質問したりできたことを褒め、達成感を味わわせるとともに「みんなのお気に入りの場所をいろいろな人に伝えられたらいいね」と話し、これからも自分の気持ちや考えを伝えたいという意欲をもたせたい。

What would you like?

（8時間）【中心領域】聞くこと、話すこと［やり取り］

単元の目標

お互いをよく知り合うために、料理や注文、値段などについて、短い話を聞いて具体的な情報を聞き取ったり、丁寧な言い方で尋ねたりして伝え合うことができるとともに、外国語の背景にある文化に対する理解を深めることができる。

第1・2時	第3・4時
第1小単元（導入）	第2小単元（展開①）
レストランで注文する場面を扱った話題の導入及び、これらに関する語句や表現と出合う。	丁寧な表現で注文したり値段を尋ねたり、それらに答えたりする。
1．レストランでのやり取りを聞いて、おおよその内容を理解しよう ① Starting Out 話の順番に合わせて教科書の空欄に数字を書いたり、ワークシートの質問に答えたりする。 ② Let's Try 1 欲しい食べ物について伝え合う。 **③好きな給食のメニューについて話し合う** 自分の好きな給食のメニューや好きな理由を伝え合い、気持ちを高めるようにする。 **2．レストランでのやり取りを聞いて、丁寧な言い方を知ろう** ④ Let's Chant 本時の表現をチャンツを通して確認する。 ⑤ Let's Watch and Think 餃子に似た3つの料理と国旗を線でつなぐ。	**3．レストランでのやり取りを聞いて注文しよう** **①ことば探検** どこの国からきた言葉か考えて国旗と結び、他にどんな外来語があるか考える。 ② Let's Listen 1 丁寧な表現を使って注文することなどについて短い話の概要を捉える。 ③ Let's Try 2 **4．注文した料理の値段を尋ね合い、金額を伝えよう** ④ Let's Try 3 P.D. を使って値段を確認しながら行う。 ⑤ Let's Listen 2 ⑥ Let's Try 4 1000円以内のメニューを考え、考えたメニューをトレイに書く。P.D. を見ながら、値段を教え合う。

本単元について

【単元の概要】

本単元は、食に関わる場面において、丁寧な表現を使って注文したり、それに答えたりすることをねらいとしている。多くの子供は外食することを楽しみにしており、お店屋さんごっこも身近な活動である。4年生の外国語活動でも好みを聞き合ってピザやパフェを作る学習をしていることから興味を惹かれる題材である。そこで本単元では、レストランでの注文の様子を聞いたり話したりした後、「ふるさとメニュー」を使って、自分の欲しいものを買いに行き、メニューを完成させる。それぞれの子供が選んだものを伝え合うことで、互いの好みや考えをより分かり合うことができる。

【本単元で扱う主な語彙・使用表現】

《語彙》

デザート（cake など）、味など（bitter など）、食べ物（hamburger など）、飲み物（coffee など）、数（one など）

《表現》

What would you like? I'd like ～. How much is it? It's ～ *yen*. ～ *yen*, please. など

《本単元で使う既習の語彙・表現》

Hello. Hi. What do you want? I want ～.
What ～ do you like? I like ～.
What's this? It's ～. Here you are.
Thank you very much. See you.

単元の評価規準

[知識・技能]：What would you like? I 'd like 〜. How much is it? It's 〜 *yen.* 及びその関連語句などについて理解しているとともに、これらの表現を用いて、聞いたり話したりしている。

[思考・判断・表現]：お互いをよく知り合うために、料理や注文、値段などについて、短い話を聞いて具体的な情報を聞き取ったり、丁寧な言い方で尋ねたりして伝え合っている。

[主体的に学習に取り組む態度]：お互いをよく知り合うために、料理や注文、値段などについて、短い話を聞いて具体的な情報を聞き取ったり、丁寧な言い方で尋ねたりして伝え合おうとしている。

第５・６時	第７・８時
第３小単元（展開②）	**第４小単元（まとめ）**
名物を選び「ふるさとメニュートレイ」を使って注文したり、会計したりする。	世界の食文化や英語と日本語の違いについて考え、世界と日本の文化に対する理解を深める。
5．おすすめの名物を紹介しよう **① Do you know?〈前半〉** 外国にも日本と同じように米を使った料理があることを知り、相違点や類似点について考える。 **② Challenge：アクティビティシートを使って、地域の名物料理や特産品を紹介する** 行ったことのある地域、自分たちの町の名物料理や特産品を紹介する。 **6．おすすめの名物の伝え方やお店でのやり取りを工夫しよう** **③ Enjoy Communication Step 1 ・ 2** まずは教師のデモを見せて、巻末絵カードを使い、ふるさとメニュートレイに載せることや、値段設定の仕方について確認する。その後、グループで練習する。	**7．「ふるさとメニュートレイ」を使って買い物をしよう** お店屋役とお客役の２つのグループに分かれ、注文の会話を行う。買ってきたメニューカードは、ふるさとメニュートレイに貼った上で、教科書 p.62に貼るようにする。 **8．世界の食文化について考えよう** **① Do you know?〈後半〉** 食事のマナー等について考え、発表したり、クイズの答えを予想して番号に丸を付けたりする。 **②まめちしき：何を使って食べることが多いか考える** 日本と世界の食文化について比較する。 **③「日本のすてき」を視聴する** 教科書の写真を見て、どんな仕事をしている人かを予想してから、映像や音声を視聴する。

【主体的・対話的で深い学びの視点】

子供の学習を深い学びにしていくためには、学習活動をできるだけ子供の身近な場面に近づけて設定すること、そして子供が自分で選択できる場面をつくることが大切である。本単元の内容は、子供に身近な食を扱ったものであり、また、ふるさとメニューを考えることで、地域の名物などを取り上げることもできる。自分の住んでいる地域のメニューを作れば、地域のよさを感じられることにもつながっていくだろうし、社会科の学習と連携して様々な地方の特産品や名物を扱うことも考えられる。このような工夫により、子供が本気になれる題材になり、主体的な学びにもつながっていく。

【評価のポイント】

本単元は５年生の後半に行われるものである。そのため、これまでに学習した既習の内容を使いながら、新しい表現を加えてやり取りできるように指導していきたい。新出表現については、教師による会話やデジタル教材などを活用して、十分に聞いたり話したりする活動を行った後、「聞くこと」について評価をするようにする。「話すこと［やり取り］」については、お店屋さんごっこをする中でその姿を見取り、記録に残す評価を行う。支援が必要な子供には継続して手立てを講じた後、全ての子供が「おおむね満足できる状況」となるように指導していきたい。

第1時 レストランでのやり取りを聞いて、おおよその内容を理解しよう

本時の目標

レストランにおいて、注文したり、値段を尋ねたりするやり取りを聞いて、おおよその内容を理解することができる。

準備する物

・児童用絵カード
・振り返りカード
・デザート絵カード（掲示用）
・給食のメニュー表

本時の言語活動のポイント

本時は、本単元のテーマを知り、概要をつかむ時間である。Small Talk で教師の好きな食べ物について伝えたり、教科書の写真を見ながら、何をしているかを話し合ったりしてから「聞く」活動を行う。レストランにおける大まかなやり取りをつかむことにし、What would you like? などの丁寧な表現については、次時で扱う。What do you want? I want ～. を使ってやり取りを行うことで、欲しいものを伝え合う既習表現を思い出させたい。

【「聞くこと」の指導に生かす評価】

◎本時では、記録に残す評価は行わないが、目標に向けて指導を行う。子供の学習状況を記録に残さない活動や時間においても、教師が子供の学習状況を確認する。

・Starting Out を使ってレストランでの会話から、どんなことを言っているか想像しながら聞かせ、必要に応じて指導・支援を行い、おおよその内容が理解できるようにする。

本時の展開 ▷▷▷

1 Small Talk：教師の好きな食べ物を知り、関心を高める

導入として、教師が好きな料理について話し、子供たちにも好きな料理について尋ねる。例えば、カレーが好きだと言った子供には、“Curry and rice! Do you like spicy food?” と聞くなど、日本語と英語の違いにも気付けるようにするとともに、味にも触れるとよい。

2 Starting Out：分かったことをワークシートの 1 に書く

音声を聞く前に、教科書のイラストを見せながら、どこの国の料理か、どんな食べ物があるか、それが好きかなどを問いかける。イタリア料理は人気があるので、食べたことのある子供も多いだろう。聞こえた順に空欄に番号を書き入れ、答え合わせをした後、映像を視聴する。

3 欲しい食べ物について伝え合う

活動のポイント：まず教師が数名の子供とやり取りをしてみせ、その後ペアでやり取りをさせる。

まず、教師が "What's this? This is ～. Do you like ～?" などと言いながら子供に食べ物の言い方を思い出させたり新たに加えたりしながら、食べ物絵カードを黒板に掲示する。その後、"I want ～ and ～. This is my favorite menu." と紹介し、子供にも同様に尋ね、Favorite menu の例を紹介する。そして、ペアでやり取りをして Favorite menu を作らせる。

3 Let's Try 1 欲しい食べ物について伝え合う

この活動のねらいは、中学年の外国語活動で慣れ親しんだ What do you want? I want ～. を思い出し、使わせていくことである。まずは教師が数名の子供とやり取りをし、その後、ペアで行う。この活動が次時につながっていく。

4 給食の自由献立メニューについて話し合う

子供たちにとって身近な話題である給食を取り上げ、例えば、「自由献立のメニューを考えよう」などの課題を設定し、それに入れたい食べ物を話し合う。What do you want? I want ～. の表現をくり返し使って、既習の学習をしっかりと思い出せるようにする。

第2時 レストランでのやり取りを聞いて、丁寧な言い方を知ろう

本時の目標

料理や注文、値段について、丁寧な言い方でやり取りする話を聞いて、具体的な情報を聞き取ることができる。

準備する物

・児童用絵カード
・振り返りカード
・デザートカード（掲示用）
・ワークシート（前回と同じもの）

本時の言語活動のポイント

前時の Starting Out を聞く活動における達成状況をもとに、店員とのやり取りでは、What do you want? I want ～. とは違う丁寧な表現が使われていたことに気付かせる。前時で聞き取れていた子供もいると思われるので、その振り返りの中から取り上げてもよい。相手や状況によって、丁寧な表現を使うこと、それがどんな表現かを確実につかませる。

Let's Try 1では、レストランという場面を設定し、丁寧な表現や態度で行うことで、前時との違いを感じられるようにしたい。

【「聞くこと」の指導に生かす評価】

◎本時では、記録に残す評価は行わないが、目標に向けて指導を行う。子供の学習状況を記録に残さない活動や時間においても、教師が子供の学習状況を確認する。

・Starting Out の会話を聞いている場面で見取り、必要に応じて支援をして学習改善につなげる。

本時の展開 ▷▷▷

1 Starting Out：ワークシートに2の答えを書く

Starting Out を再度視聴し、ウェイターは何と言っているか聞き取らせたい。非常に似通った表現であるため、文字を使って提示して、違いを可視化することも考えられる。違う尋ね方をしている理由も併せて考えさせ、ワークシートの2に記入し、答え合わせをする。

2 Let's Chant ①：丁寧な表現を使ってチャンツをする

本単元では、2つのチャンツを行う。本時では、I'd like a hamburger. の表現を使って、注文のやり取りの表現に慣れ親しむようにする。はじめは、教師が尋ねる役、子供が答える役をするなど、交代で行う。慣れてきたら、子供同士がペアで役割を交代しながら行う。

 板書のポイント：子供たちの発言やつぶやきを吹き出しで書き出す。

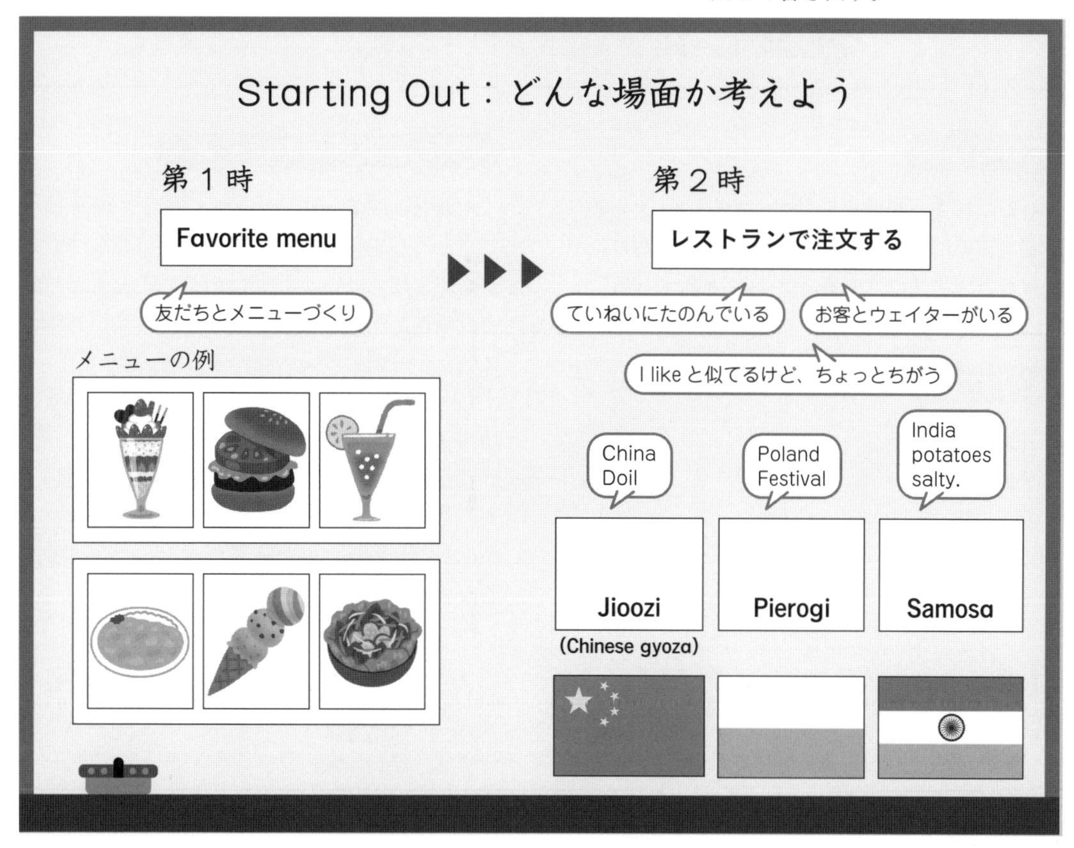

3 Let's Try 1 レストランで注文をする

前時 3 との違いを明確にするため、レストランの場面であることを伝えた上で、教師が黒板に掲示した食べ物絵カードをメニューに見立ててやり取りを行い、ペア活動に移る。

4 Let's Watch & Think 料理と国旗を線でつなぐ

国旗を見て、国名を確認した後、音声を聞いて、線で結ぶ。日本の餃子の絵を用意し、それと比べながら行う。音声の中には、本時のターゲットフレーズである丁寧な表現での尋ね方が出てこないので、教師がウェイターの役になり、子供らに尋ねたり答えたりする活動も行う。

第3時 レストランでのやり取りを聞いて、注文しよう

本時の目標

料理や注文、値段について、やり取りする短い話を聞いて、具体的な情報を聞き取ったり、丁寧な言い方で注文したりすることができる。

準備する物

・児童用食べ物絵カード
・振り返りカード
・食べ物カード（掲示用）

本時の言語活動のポイント

本時は、前時で学習した丁寧な表現を使って、どんな場面で、どのような会話をしているかを聞き取らせる。互いに相手のことをよく知るために、丁寧な表現を使って話していることに気付かせたい。

Let's Listen 1 を使って、丁寧な表現を使う場面や使い方を確認し、自分も使ってみたいという意欲をもたせるようにする。その工夫の1つとして、答え合わせをする際に、教師がウェイター役になって問い、子供が客になって答えるなどの工夫をするとよい。

【「聞くこと」の記録に残す評価】

◎相手のことをよく知るため、料理や注文、値段について丁寧な言い方でやり取りする短い話を聞いて、その概要を捉えている。（知・技）（思・判・表）〈行動観察・ワークシート記述分析〉

・本時では「話すこと［やり取り］」は記録に残す評価はしない。

本時の展開 ▷▷▷

1 ことば探検：どこの国の言葉かを考える

外来語として、日常的に日本で使われるようになった言葉の中には、英語が起源のものだけではなく、いろいろな国の言葉があることに気付かせる。その後で、食べ物カードを見て声に出して言ってみることで、日本語と英語の音の違いに気付けるようにする。

2 Let's Listen 1 ：音声を聞いて、登場人物と料理を線で結ぶ

はじめに、絵を見て登場人物の名前や注文した料理の名前を確認する。その後、音声を聞いて、登場人物と注文した料理を線でつなぐ。答え合わせの際には “What would you like?” と英語で問いかけて、子供が登場人物になって “I'd like a hamburger.” 等と答えるようにする。

3 ペアになって注文したり、注文を受けたりする

活動のポイント：同じカードを使って様々なやり取りをする。

今日食べたい料理を2つまたは3つ選ぶ。教師は、事前に今日の食べ物の値段を決めて、絵カードの裏に記しておく。料理の合計が設定金額（ゲームの開始前に決めておく。例：1000円）に近くなるよう注文させる。

T）What would you like?
S）I'd like pizza.
T）Pizza, OK.
S）How much is it?
T）It's 150 *yen*.

3 Let's Try 2 ：ペアになって注文したり、注文を受けたりする

注文したり、注文を受けたりする活動を、カードを使って設定金額に近くなるよう注文する。教師に自分が選んだ料理の値段を聞くことで、次時で扱う How much is it? の表現にも慣れ親しめるようにする。

4 Let's Try 2 ：欲しいものを伝える文に、絵カードを置く

今日、活動の中で注文したものの中から、1つ選んで文の中に絵カードを置く。この活動で、主語、動詞の後に欲しいものを伝えるという語順についての意識を高めるようにする。ペアで尋ね合いながらカードを置くようにするとよい。

第4時 注文した料理の値段を尋ね合い、金額を伝えよう

本時の目標

注文した料理の値段を尋ね合ったり、メニューを考えて値段を言ったりすることができる。

準備する物

・児童用絵カード
・振り返りカード
・食べ物の絵カード（掲示用）
・ワークシート A/B（活動 **2** で使用）
・電卓

本時の言語活動のポイント

本時では、料理の値段を尋ね合うことを中心に言語活動を行う。

Let's Chant で表現を言うことに慣れ、Picture Dictionary を見ながら、値段を尋ね合う。その際、伝え合う必要が生まれるように、インフォメーションギャップのあるワークシートを作るなどの工夫をしたい。

メニューを考える際には、絵カードを使って、欲しい食べ物やその値段を尋ね合い、そのカードをトレイに置くようにしてもよい。

【「話すこと［やり取り］」の記録に残す評価】

◎食べ物の値段を尋ね合う活動を通して、それを聞いたり答えたりするための表現や語順等を理解している。（知・技）〈行動観察〉

・お互いの情報や考えなどを伝え合っている姿を評価し、記録に残すようにする。

本時の展開 ▷▷▷

1 Let's Chant ②：値段を尋ね合う表現を確認する

本単元では、２つのチャンツを行う。本時では、How much is it? を使って、値段を尋ねたり答えたりする表現に慣れ親しむようにする。３桁の数字を表す hundred の表現に十分慣れ親しむようにする。最後の部分は３桁の数字を書いたカードを見せて読ませてもよい。

2 Let's Try 3 ：ペアで値段を尋ね合う

Picture Dictionary（p.8、９）を使って、値段を聞き合う活動を行う。このページをコピーし、品物の値段が半分ずつ隠してあるパターンA、パターンＢの２種類を用意し、インフォメーションギャップがある状況をつくってから、聞き合うようにするとよい。

4 Let's Try 4：1000円以内で食べたいメニューを伝え合う

活動のポイント：インフォメーションギャップがある状況で、情報を伝えたり、尋ねたり答えたりする。

3 Let's Listen 2 ：料理の値段と合計金額を聞き取る

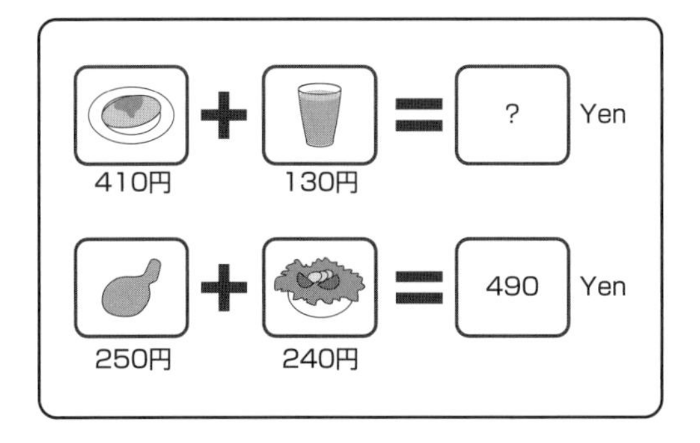

注文した料理の金額とその合計金額を聞き取って、教科書の紙面に記入する。教科書には１問しかないため、追加の問題をつくるとよい。できるようなら、子供がペアで問題を出し合うようにする。電卓を持たせて行ってもよい。

4 Let's Try 4 ：1000円以内で食べたいメニューを伝え合う

3 の活動を生かし、メニューを見ながら1000円以内で食べたい料理の組み合わせを考えて、教科書 p.57のトレイに描く。絵を描く時間がないときは、文字で書いてもよい。友達とペアになり、メニューとその値段を伝え合う。

第5時 おすすめの名物を紹介しよう

本時の目標

自分のことを知ってもらうために、ある料理について、紹介したり説明したりして伝え合うことができる。

準備する物

・児童用絵カード
・振り返りカード
・食べ物の絵カード（掲示用）
・おすすめの食べ物カード用の紙
・Picture Dictionary

本時の言語活動のポイント

本時は、名物や特産品の中から紹介したいものを選び、ふるさとメニューカードを作って紹介し合う時間である。どんな思いでふるさとメニュートレイを完成させるのか、伝えたい内容になるかどうかを左右する大切な活動であるので、子供の思いを大切に、名物を選ぶようにしたい。選んだ名物について、他の子供が知らないことも考えられるので、味や主な材料などを簡単な表現で説明できるようにする。Picture Dictionary の p.11にある、味の単語も取り上げるようにするとよい。

【「話すこと［やり取り］」の指導に生かす評価】

◎本時では、自分の選んだおすすめの名物を書いたり、それを伝え合ったりする活動を通して、「話すこと［やり取り］」の指導をしていく。ここで学習した表現が、最後のふるさとメニューの買い物の活動につながっていく。ここでは記録に残る評価はしないが、表現の定着を図るよう指導を行う。

本時の展開 ▷▷▷

1 Do you know?：外国の料理について考える

外国にも日本と同じように米を使ったいろいろな料理があることを知り、相違点や類似点について考える。それぞれの料理の具材などについて "What's this?" などと問いかけ、興味・関心を高めながら行い、全て同じ材料が使われていることを知らせる。

2 Challenge：地域の名物料理や特産品を紹介する

はじめに 1 の活動とつなげて、米を使った地域の名物料理や特産品がないか問いかける。そして、教科書のモデルの絵を見せ、きりたんぽも米が使われていることを確認する。他にどんな名物料理や特産品があるかを考えさせるとともに、教師が選んだ料理を紹介する。

3 Step1：おすすめの名物について伝え合う

活動のポイント：単元のゴール活動をどのようにするかによって、名物の選び方が変わってくるので注意する。自分の住んでいる地域のもの、社会科等と関連させて地域のものなどが考えられる。

■指導者モデル例 1：住んでいる地域の場合

Hello and welcome!
What food do you like in Tosayama?

Would you like *yuzu* jelly?
It's sweet and sour.
It's delicious!
Please try it!

■指導者モデル例 2：他県のものを選ぶ場合

Hello and welcome!
This is a local food from Akita.

Would you like *kiritampo*?
It's made from rice.
It's delicious!
Please try it!

3 Step 1：おすすめの名物を選んで絵カードに描く

子供が地域のおすすめの名物を選んで描く場面である。教師のモデルを見て、買い物の際に自分の店に置きたいメニューを考えさせる。図画工作科のような活動にならないよう、カードを描く時間を決め、時間が来たら活動 4 に進むようにする。

4 自分の選んだ名物を紹介し合う

3 の活動で作った絵カードを使って、おすすめの名物を紹介し合う活動である。単元ゴールの買い物をする際に、商品の説明をする必要があることから、ここでしっかり表現に慣れておきたい。ペアを変えて何回か行うようにするとよい。

第6時 おすすめの名物の伝え方やお店でのやり取りを工夫しよう

本時の目標

　自分のことを伝えたり相手のことをよく知るために、メニューや値段について丁寧な言い方で尋ねたり話したりして伝え合うことができる。

準備する物

・児童用絵カード
・振り返りカード
・食べ物の絵カード（お店用）
・Picture Dictionary

本時の言語活動のポイント

　本時は、次時に迫ったふるさとメニューの買い物に向けて、準備をする時間である。自信をもって聞いたり答えたりできるように表現に十分慣れ親しむことができるようにしたい。
　表現を復習する際には、どんな表現が使えるかを出し合い、練習した上で、一度活動を行ってみる。その後、困ったことやもっと言いたかったことなどを出し合い、子供の必要とする表現を増やして再度行うようにする。板書に書いてあるものを見ながら、順番通りに聞き合ってしまうことのないように注意したい。

【「話すこと［やり取り］」の記録に残す評価】
◎注文のやり取りやおすすめの名物などについて工夫して話している／話そうとする。（思・判・表）（態）
・振り返りカードにも自分たちが工夫したこと、やり取りで大切だと思ったことを記入させ、評価の参考にする。「努力を要する」子供には、支援をし、次時に改善できるようにする。

本時の展開 ▷▷▷

1 Do you know?：トルコの料理、ドンドゥルマについて知る

　ここでは、Over the Horizon の内容のうち、Do you know? の中のクイズのみ行う。トルコの名物料理を知り、おすすめの名物を紹介するときに使える表現を復習する。Over the Horizon をまとめて行うと、受け身の活動になりやすいので、必要な場面で少しずつ使うとよい。

2 Step 2：おすすめの名物の値段を決め記入する

　前時の活動 3 で選んだ名物の名前と値段を Picture Dictionary（p. 8）に書く。これをふるさとメニュートレイに載せることを知らせ、ふるさとメニュートレイの大体の設定金額や、他にも買いたいものが買えるような金額に設定するように伝える。

 板書のポイント：使える表現を、言う順番ではなく、場面ごとに整理して掲示する。

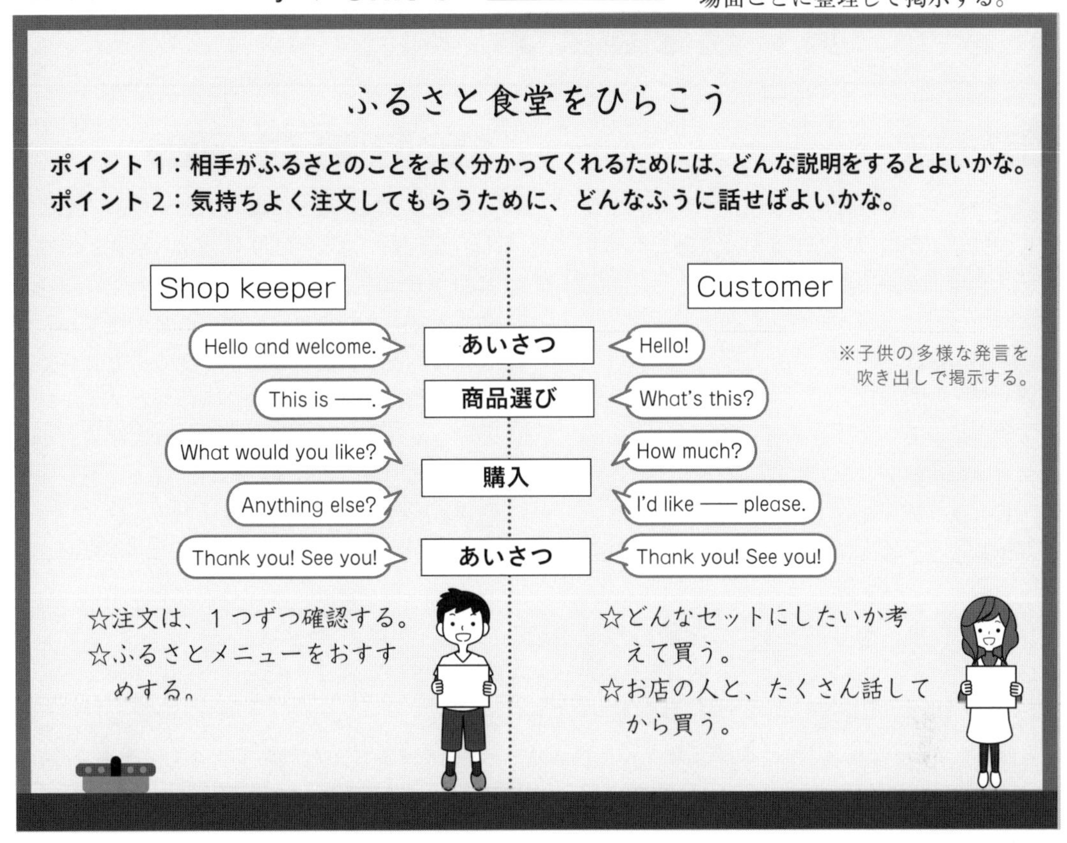

3 食べ物カードを使って、ふるさと食堂をひらく

まず、活動をしてみる。その後、中間指導で「お店のやり取りで工夫すること」の視点を確認する。例えば、お店の担当を３人組にし、１人がお店屋、２人がお客の役になり、交代で買い物をする。どのような表現が必要か、接客の方法をアドバイスし合えるようにしたい。

4 本時の活動を想起し、振り返りカードに記入する

振り返りカードを書く前には、本時の目標と評価の視点を全体で再度確認する。そのためには、授業のはじめに、今日は何ができるようになればよいのかを子供が理解して活動を行っていることが重要である。それを踏まえ、店のやり取りでの工夫を具体的に書くように助言する。

第7時 「ふるさとメニュートレイ」を使って買い物をしよう

本時の目標

お互いをよく知り合うために、メニューや値段について丁寧な言い方で尋ねたり話したりして伝え合うことができる。

準備する物

- 児童用絵カード
- 食べ物の絵カード
- 振り返りカード
- ふるさとメニュートレイ

本時の言語活動のポイント

本時は前時に続き、ふるさとメニューを注文し合う時間である。丁寧に注文したり、値段を尋ねたりする活動を通して、自分の作りたいふるさとメニューセットを作ることができるようにする。1つの店を担当する3人組をお店屋役とお客役に分け、お客役はふるさとメニュートレイをもって、店を移動するようにする。その後、それぞれのふるさとメニュートレイを紹介し合うことで、活動の達成感を味わわせたい。

【「話すこと［やり取り］」の記録に残す評価】

◎前時に続き、相手意識をもってやり取りしている様子を、「思考・判断・表現」「主体的に学習に取り組む態度」の観点で評価する。活動の様子を見取るとともに、ビデオなどに録画して映像に残しておくことも考えられる。前時と同様に振り返りカードも参考にする。前時での「努力を要する」子供を中心に見取り、改善されていれば記録に加える。

本時の展開 ▷▷▷

1 同じ店の3人組で、やり取りの練習をする

最終の時間が近付いているので、始まる前に「使える表現」を確認し、やり取りするためには、相手意識をもつことが大切であることを改めて押さえておく。教師が短いモデルを見せるなどしてもよい。

2 Step 3：ふるさとメニュートレイを使って買い物をする

ふるさとメニュートレイを切り取って用意しておく。1つの店を担当する3人組をお店屋役とお客役に分け、お客役はふるさとメニュートレイをもって、店を移動するようにする。いろいろな店に行き、ふるさとメニューの紹介を聞くように促すとよい。

2 Step 3：ふるさとメニューを注文しよう

活動のポイント：丁寧な表現を使い、相手意識をもってやり取りする。

〈やりとり例〉

客　：Hello.
店員：Hello and welcome.
What would you like?
客　：What's this?
店員：It's *yuzu* jelly. It's very delicious.
It's from Kochi.
客　：I'd like *Okonomiyaki*, a salad and *yuzu* jelly please.
店員：OK. *Okonomiyaki*, a salad and *yuzu* jelly.
Anything else?
客　：No, thank you. That's all. How much is it?
店員：*Okonomiyaki* is 340 *yen*, a salad is 240 *yen* and *yuzu* jelly is 120 *yen*.
Total, 700 *yen*, please.
客　：OK. Here you are.
店員：Thank you.

3 自分の買ったふるさとメニューセットを紹介し合う

自分がどんな物を買ったかを、ペアやグループで紹介し合う。"This is my *Furusato* menu. I have *Okonomiyaki*, a salad and *yuzu* jelly. Total, 700 *yen*." などの表現を使って紹介し合うようにするとよい。聞く側は、ワークシートに聞き取ったことを記入する。

4 本時の活動を振り返り、振り返りカードに記入する

振り返りカードを書く前には、今日の授業の目標と、評価の視点を全体で再度確認する。本時では、必要な言葉を使いながら、相手意識をもって活動できたかどうかが大切なポイントになることを押さえる。教師からも、よかったところを伝えるようにする。

第8時 世界の食文化について考えよう

本時の目標

食文化の比較や、日本で働く外国人についての映像視聴を通して、世界と日本の文化に対する理解を深めることができる。

準備する物

・児童用絵カード
・振り返りカード
・ワークシート（何を使って食べるかな）

本時の言語活動のポイント

本時は、単元のまとめの時間である。教師の話を聞いたり、映像を視聴したりするなど、聞く活動が中心となる。しかし、子供が受け身ばかりの授業になってしまわないよう、「聞く・話す・書く」のバランスを考えた授業づくりをするようにしたい。

題材を使って、どのような学習ができるかを考え、質問に答えたり、分かったことを伝え合ったり、自分の意見や考えを述べたりするなど、聞いたことを別の活動につなげられるような工夫をするとよい。

【「聞くこと」の指導に生かす評価】

◎本時では、記録に残す評価は行わないが、目標に向けて指導を行う。食文化について考えたり、日本で働く外国の人についての映像を視聴したりすることを通して、外国語の背景にある文化に対する理解を深めることができているかを見取り、指導に生かす。

本時の展開 ▷▷▷

1 Do you know?：食事のマナーについて、教師の話を聞く

Over the Horizon の内容のうち、ここでは食事のマナーについて説明する。説明の途中にあえて言葉を切って子供に問いかける場面をつくるようにする。日本には、どんなマナーがあるか問いかけ、それと比べながら進めるとよい。

2 まめちしき：何を使って食べることが多いか考えよう

世界の食べる方法は、大きく３つに分けられると言われている。自分は何を使って食べるか考えることで、日本では、食べ物によって３つの方法の全てを使っていることに気付かせたい。どれが正しいということではなく、豊かな食文化について気付けるようにする。

板書のポイント：学習の見通しがもて、子供の考えや意見を可視化できるような構成を心がける。

2

まめちしき「何を使って食べるかな」

指導のポイント

①3つの食べ方を紹介する。
- はし
- フォーク、ナイフ、スプーン
- 手

②Picture Dictionary（p.8）の食べ物を見て、自分は何を使って食べることが多いか考え、それぞれの欄に食べ物の名前を書き写す。

③ワークシートに書いたことを、紹介し合う。

④気付いたことを話し合う。

「何を使って食べるかな」

はし	フォーク ナイフ スプーン	手
rice	curry and rice	rice ball
grilled fish	bread	sandwich
salad	pancakes	pizza

気づいたこと

同じご飯でも、料理法によって使うものが変わることに気づいた。

3 日本のすてき：日本に住む外国の方の映像や音声を視聴する

日本に住む外国の方の話を聞く時間である。はじめに絵を見て分かることを出し合い、どんな仕事をしているか予想してから視聴するとよい。視聴後、She is from France. など簡単な文を用いて○×クイズ等をしてもよい。

4 本時及び単元の活動を振り返りカードに記入する

本単元の最後の授業であるため、本時の振り返りとともに、単元の振り返りも行うようにする。この学習でどんなことが分かったか、どんなことができるようになったかを振り返ることで、「次の単元ではこうなりたい」という意欲をもてるようにする。

本単元の Key Activity

「ふるさとメニュートレイ」を使って買い物をする

活動の概要

本単元では第7時において買い物を行い、ふるさとメニュートレイを作ることを紹介してきた。本単元の目標に関わる活動であるため、子供が本当にやりたいと感じる、達成感のある活動にすることが大切である。「お互いをよく知り合うために、丁寧な言い方で尋ねたりして伝え合う」という単元の目標を達成するために、いくつかのゴール活動が考えられるが、ここでは発展例として、カフェの店員と客という設定での活動を紹介する。

①ふるさとカフェを開こう（発展例）

・第6時の Step 2 の活動から、第7時の Srep 3 にかけて内容を変更して行う。

活動をスムーズに進めるための3つの手立て

①ふるさとメニューを書いたカフェのメニュー表を作成し、食べ物の名前や値段を書き込む。

②教師のモデルを見た後、カフェの店員として、客を案内したり、注文を取ったりする練習をする。

③カフェの店員と客の役に分かれる。店員は客を席に案内し、注文を取ったり給仕したりする。役割を交代して行う。

活動カフェのやり取り例　W…ウェイター　C…客

W　：Welcome to Tosayama cafe! This way, please.（席に案内する）
C 1 ：Thank you.
W　：This is a menu. What would you like?
C 2 ：I'd like *yuzu* juice.
C 1 ：I'd like ginger ale, please.
W　：*Yuzu* juice and ginger ale. One moment, please.（飲み物を取りに行く）
　　（給仕しながら）
W　：*Yuzu* juice, here you are. Ginger ale, here you are. Anything else?
C 1・2 ：No, thank you.
　　（レジにて会計をする）
C 2 ：Thank you. How much is it?
W　：*Yuzu* juice is 120 *yen*. Ginger ale is 100 *yen*. Total, 220 *yen*.
C 2 ：Here you are.　　W：Thank you. See you.

活動のポイント

第７時に行う What would you like? I'd like ～. のやり取りをカフェという場面設定で行う活動である。子供たちの実態によっては、ごっこ遊びは非常に効果的であり、エプロンを付けてカフェの店員になるという活動は興味を引くものである。メニューには実際に地域の名物などを取り入れ、できれば小さなコップを用意する。本物のカフェのような環境を構成することにより、子供たちの意欲を高めることにつなげる。

カフェでの動きの例

①ウェイターと客の役に分かれ、客は入り口の外で待ち、順に入店する。
②ウェイター役は、入り口から客を席に案内する。
③注文を取ったら、コック役が待っている厨房へ行き、コック役に注文を伝える。
④品物を受け取り、客に商品を確認しながら渡して給仕する。
⑤客が帰る際に、レジでお金を受け取る。

活動の発展例

飲み物だけでなくクッキーなどの簡単なフードメニューを入れるとさらに会話が広がる。
また、保護者や地域の方を招待して行うことで、お礼の気持ちを伝えたり、外国語の学習の様子を知ってもらったりすることもできる。練習の際には、上級生である６年生を招待し、相手意識をもった接し方についてアドバイスをもらったりしてもよい。

2 Check Your Steps

2時間 【中心領域】聞くこと、話すこと［発表］

単元の目標

外国の人に自分の住んでいる地域等を紹介するために、話しの概要を捉えたり話す内容や表現等を考えたり伝え方を工夫したりして、相手に伝わるように話すことができる。

単元計画

これまでの学習内容

◉ **Unit 4 He can bake bread well.**

This is ～. He/She is ～. He/She can ～. などを用いて、身近な人を紹介する。

◉ **Unit 5 Where is the post office?**

We have ～ in our town. It's ～. Do you ～? Where is ～? It's by/in/on/under ～. などを用いて、場所を尋ねたり答えたりする。

◉ **Unit 6 What would you like?**

What would you like? I'd like ～. How much is ～? It's ～ *yen*. などを用いて、丁寧に注文したり値段を尋ねたりする。

Unit 4～6の学習内容（指導してきたこと）を総括的に評価し、指導改善や学習改善に生かすために、Check Your Steps（2時間扱い）を設定

本単元について

【単元の概要】

Unit 4～6の3つの単元で学習した内容を使って発表を行う。Unit 4で学習した語句や表現を使って地域の人、Unit 5と関連しては建物や場所、そしてUnit 6で学んだ食べ物の言い方を使って地域の名産品等を、「ふるさと自慢」として外国の人に紹介する。地域の自慢を選んだり、話の内容や伝え方として伝える内容の順番を考えたり、「話し方の4つの視点」で工夫して話したりしながら、既習表現を使って「ふるさと自慢」の紹介をする。また、紹介の様子を動画撮影し、授業後にはALTを通じてALTの家族や友人など外国の人に見てもらうこととし、活動の目的を明確にした設定としている。

【本活動で想定される言語材料】

《語彙》

動作、建物、人、道案内、位置、食べ物、数、味など

《表現》

(Unit 4) This is ～. He/She is ～.
He/She can ～.

(Unit 5) We have ～ in our town. It's ～.
You can ～.

(Unit 6) What would you like? I'd like ～.
How much is ～? It's ～ *yen*.

単元の評価規準

[知識・技能]：Unit 4～6で学習した語句や表現などについて理解しているとともに、それらを用いて地域の建物や場所、人や食べ物などについて聞いたり紹介したりしている。

[思考・判断・表現]：外国の人に「ふるさと自慢」をするために、まとまりのある話を聞いたり、話す内容や表現、伝え方などを工夫したりして、相手に伝わるように分かりやすく話している。

[主体的に学習に取り組む態度]：外国の人に「ふるさと自慢」をするために、まとまりのある話を聞いたり、話す内容や表現、伝え方などを工夫したりして、相手に伝わるように分かりやすく話そうとしている。

第1時	第2時
（導入・展開）	（まとめ）
1．「ふるさと自慢」の内容や紹介の仕方を考えよう **HOP：「ふるさと自慢」に向けた学習の見通しをもち、関連する既習語句を思い出す** ALTの「ふるさと自慢」を聞くことを通して、次は自分たちが外国の人に「ふるさと自慢」を紹介することを知る。また、そのために、Unit 4～6やそれ以前に学んだ語句や表現をいくつかの活動を通して思い出す。 **STEP：「ふるさと自慢」を一覧表から選び、写真を使いどんな内容で発表するか考え、紹介の練習をする** 地域にある人やもの、特産品、場所や建物など、自慢したいと思う項目を、総合的な学習の時間や社会科等で学んだ「地域について知っていること一覧表」から選び、どのような内容を話せばよいか考える。	**2．外国の人に「ふるさと自慢」で地域を紹介しよう** **JUMP：「ふるさと自慢」として地域のことを写真を見せながら相手に伝わるように紹介する** 前時に考えた紹介する内容や使う語句や表現についてもう一度確かめる。グループで伝える順番等を工夫して相手に伝わるように準備する。 また、聞き手である外国の人にふるさとのよさが伝わるように、「話し方の4つの視点」（①声の大きさや速さに気を付けて話す、②聞き手を見て話す、③写真を指し示しながら話す、④ジェスチャーや表情）を意識して、紹介する。 ペアやグループでアドバイスし合ったことを生かして、グループで決めた順番で紹介する様子を動画で撮影し、後日ALTを通して外国の人に見てもらうこととする。

【主体的・対話的で深い学びの視点】

Unit 4～6の学びを生かし、子供が住んでいる地域のことを外国の人に「ふるさと自慢」として紹介するが、紹介する様子を動画撮影してALTを通して外国の人に実際に見てもらうことを知らせ、はっきりと目的意識をもって活動させたい。また、紹介する内容や伝える順番を考えたり、「話し方の4つの視点」で工夫して話したり、相手に伝わるように主体的に準備や練習ができるようにペアやグループで紹介し合う活動を取り入れたい。子供がお互いのアドバイスを生かして自己調整をしながら、ふるさとのよさが外国の人に伝わるように気持ちを込めた紹介となるようにしたい。

【評価のポイント】

第1時のHop・Stepの活動で、Unit 4～6で学習した語句や表現について定着しているかどうかを観察する。第2時のJumpでは、「聞くこと」と「話すこと［発表］」について、3観点でその活動の様子を見取り、3つの単元に係る総括的評価をする場として、子供にも単元のめあてを明確に示し、既習の学びを生かすような指導を行う。お互いにアドバイスし合ったことを意識して次の活動に向かえているか等、子供の主体的な活動の様子の見取りを丁寧に行えるように、学習後の振り返りカード等を活用して記録に残す評価とする。

第1時 「ふるさと自慢」の内容や紹介の仕方を考えよう

本時の目標

「ふるさと自慢」で地域のことをよく知ってもらうために、紹介する内容を考えたり、よりよく伝えるよう工夫して発表することができる。

準備する物

・教師用デジタルブック
・Picture Dictionary
・ALT デモ用紹介ボード4枚
・紹介ボード（写真を拡大印刷・10種類程度）
・振り返りカード

本時の言語活動のポイント

「ふるさと自慢」で地域を外国の人に紹介することを知らせ、学習の見通しをもたせる。次時の紹介本番に向けて、本時では他教科等で学習した地域の様子を写真で添付した紹介ボードから自分が紹介したいものを1枚選ぶ。そのボードで、既習のどんな表現を使えば外国の人に自分たちの地域の自慢が伝わるかを考える。前時までの学習を振り返りながら発表に使える表現を確認したり、ペアでアドバイスし合ったりしながら、伝える内容や表現の仕方を工夫させたい。

【「聞くこと」「話すこと［発表］」の指導に生かす評価】
◎これまでに学習した地域の建物や場所、人や食べ物などを相手によりよく分かってもらうために、話の内容や使う表現を考え、準備や練習をしている様子を観察し、メモを取り、次時での評価に生かす。

本時の展開 ▷▷▷

1 単元のめあてを知り、既習内容を振り返る

ALT の「ふるさと自慢」の話を聞き、今度は自分たちが外国の人に「ふるさと自慢」をするというめあてを知る。既習表現をチャンツや歌、成果物ファイル等で確かめたり、ALT のモデルを参考にして、内容や紹介で使えそうな表現を考える。

2 「ふるさと自慢」の紹介ボードを1枚選び、紹介内容を考える

他教科等で学習した地域の様子を写真で添付した紹介ボード（教師が10枚程度用意しておく）から、自分が紹介したい写真を1枚選ぶ。選んだ写真について、その写真の説明や選んだ理由、特に紹介したいこと等、紹介する内容を考える。

3 「ふるさと自慢」の発表練習

活動のポイント：これまでのチャンツや歌で扱った表現や ALT が紹介に使った表現を例示し、「ふるさと自慢」の英語表現を考える際の参考にさせる。

・ALT の「ふるさと自慢」は４枚の紹介ボードを使って行う。

・ALT は4つの紹介ボードを使って行うが、子供は１人１枚ずつの紹介ボードを作り、４人グループで順番を決めて紹介し動画撮影することを知らせる。

・できること　We can ～.
・好き　I like ～.
・あるもの　We have ～.
・話の順番を工夫する　など

〈ALT の「ふるさと自慢」の例〉

Hello. I'm from Australia.
My hometown is Gladstone.

We can eat fresh fish in Gladstone.
I like Sea food spaghetti.

Do you like kangaroos?
Do you like koalas?
We can see kangaroos and koalas in the park.
They are cute and friendly.

We have a yacht harbor.
We can see many yachts there.

We can cruise in the Gladstone bay by a big yacht.
We can see the beautiful sunset.
That's all. Thank you.

3 紹介ボードを使ってどんな英語で伝えるか考え、発表練習をする

伝えたい内容を既習語句や表現等を基に、どんな英語で紹介するかを考える。考えに困る子供には、本時のはじめに全員で確認した、紹介で使えそうな表現を示し支援する。ペアやグループで紹介の練習をしてアドバイスし合う。

4 本時の振り返りをし、次時の活動に見通しをもつ

「『ふるさと自慢』の内容や紹介の仕方を考えて準備や練習ができたかな」と、本時のめあてが達成できたかを振り返る。ペアやグループでアドバイスし合ったことを参考にして、次時はグループ内で順番を決めて発表し、それを動画に撮影することを知る。

第2時 外国の人に「ふるさと自慢」で地域を紹介しよう

本時の目標

外国の人に興味をもって動画を見てもらい、内容を理解してもらうよう伝える内容や順番を工夫したり、態度や話し方を工夫したりして、地域を紹介することができる。

準備する物

・録画用タブレット端末等
・紹介ボード
・態度や話し方の4つのポイント（掲示用）
・振り返りカード

本時の言語活動のポイント

前時に考えた「ふるさと自慢」の内容や英語での言い方を、再度グループで紹介し、アドバイスし合う。その際、動画を見る外国の人に伝わるように、態度や話し方のポイントを意識させる。また、動画撮影で4人が紹介する際の順番について、相手の興味を引いて聞いてもらえるか、相手に分かりやすく伝わるか等を視点に考えさせる。また、動画の最初と最後の挨拶でどのような言葉を入れるかも工夫させたい。紹介する動画を見てもらう外国の人を常に意識させ、目的意識をもたせながら活動させたい。

【「聞くこと」「話すこと［発表］」の記録に残す評価】

◎外国の人に自分の住む地域についてよく分かってもらうために、話す内容や伝える順番を考えるなど工夫し発表している様子や、相手のことをよく知るために、友達の話を聞いている様子を3観点から見取って、評価を行う。なお、「振り返りカード」の記載内容も参考とする。

本時の展開 ▷▷▷

1 「ふるさと自慢」をペアで紹介し、アドバイスし合う

前時に考えた「ふるさと自慢」の内容を、再度グループで紹介し合う。動画を見る外国の人によりよく伝わるように、内容や使う表現、紹介するときの「態度や話し方の4つのポイント」について、お互いにアドバイスし合う。

2 グループで紹介の順番や挨拶の仕方を考え、練習する

グループで動画撮影をすることに向けて、4人の紹介内容がどの順番であれば外国の人の興味をもって聞いてもらえるか、分かりやすく伝わるか等を考え順番を決める。また、動画の最初と最後にする挨拶もグループで工夫し、考えて練習をする。

Check Your Steps 2 板書のポイント：紹介する際に工夫する視点を示す。

○紹介の順番

・興味をもって聞いてもらえるかな
・「ふるさと自慢」が伝わるかな

○態度や話し方４つのポイント

1 声の大きさや速さ
2 聞き手を見る目線
3 写真を指す
4 ジェスチャーや表情

○紹介ボード

○グループの発表例

Hello. We are from Saiki city.
A 児：We can eat Saiki *sushi*.
I like tuna. It's delicious.
B 児：This is the Banjo river.
We can swim there. It's fun.
C 児：This is the *Ume-keikoku*.
We can go trekking. It's exciting.
D 児：He is Kenji Narisako. He is the Beijing Olympic athlete. He is a hurdle runner.
He can run fast. He is cool. Please come to Saiki. Thank you.

3 「ふるさと自慢」を紹介し、動画撮影する

グループで紹介ボードを１人ずつ持って決めた順番で発表し、それを動画撮影する。お互いにアドバイスし合ったことを各自が意識して、自分の紹介する内容や言い方に生かす。撮影した動画を見て、学習の成果をグループ内で共有する。

4 本単元の振り返りをする

作成した動画を ALT から外国の人へ紹介してもらうことで、自分たちの「ふるさと自慢」が外国の人へ伝わることに期待感をもち、単元の振り返りをする。振り返りカードには、今回学んだことで、次に英語で何かを相手に伝える際に生かしたいことを記述させ、記録に残す評価に生かす。

Unit 7

Welcome to Japan.

8時間 【中心領域】聞くこと、読むこと、話すこと［発表］、書くこと

単元の目標

ALTやその家族に日本文化について分かってもらうために、日本の四季や文化について紹介したり書いたり読んだりして、外国語の背景にある文化に対する理解を深め、アルファベットの活字体の大文字・小文字の音読みに慣れることができる。

第1・2時	第3・4時
第1小単元（導入）	第2小単元（展開①）
ALTの国の季節や行事を聞き、重要表現に出合い、単元のゴール・学習計画を知る。	重要表現に慣れ、自分の好きな季節・理由・行事ですることについての会話を聞き取る。
1．ALTの国紹介を聞いて、季節や行事の語句を知ろう **①単元のゴールをつかむ** ALTの国紹介または動画を見て、聞き取れた語句を確認する。お返しにALTの家族や友人に、日本についての紹介動画をつくることを提案し、単元のゴールのイメージをつかむ。 **② Small Talk** ALTとやり取りをしながら季節、行事、することについて語句や重要表現を知る。 **2．自分の好きな季節と理由を伝え合おう** **③ Let's Chant ①** **④好きな季節と理由について伝え合う**	**3．好きな季節や理由、行事ですることについての会話を聞き取ろう** **① Let's Chant ②・Small Talk** 四季や行事についてやり取りをする。 **② Starting Out** **4．四季や行事、行事ですることについての会話を聞き取ろう** **③ Let's Chant ①②** 重要語句に慣れた後、各行事で食べることができるものを整理して練習する。そして、「行事で何食べる？」リレーを行う。 **④ Let's Listen 2** 四季や行事、することについて短い話の概要を捉える。

本単元について

【単元の概要】

本単元では好きな季節や行事、行事ですることを尋ねたり答えたりする言い方を知り、日本の文化について学び、自分たちの紹介したい日本文化をALTの家族や友人に紹介する。単元のはじめにALTが母国を紹介することで、外国の文化を理解するとともに日本の文化について考える。紹介したい日本文化を考えたり、他のグループの紹介を聞いたりすることで、改めて日本文化のよさを感じさせたい。また、相手を意識して「伝わる」ようにするために内容構成や話し方を工夫し、楽しんで紹介させたい。動画にすることで子供の意欲につなげたい。

【本単元で扱う主な語彙・使用表現】

《語彙》

spring, summer, fall, winter

kite flying, top spinning, New Year's Day, Dolls' Festival, Children's Day, Star Festival, Fire Works Festival, Halloween, Christmas

《表現》

Why do you like ～?、We have ～.

What do you do ～?, I usually ～. I enjoy ～.

《本単元で使う既習の語彙・表現》

It's ～. I like ～. We can ～.

単元の評価規準

[知識・技能]：Why do you like ～? We have ～. What do you do ～? I usually ～. We can ～. 及びその関連語句について理解し、日本の四季や文化について短い話を聞いて概要を読んだり紹介したりしている。

[思考・判断・表現]：自分のことを伝え、相手のことをよく知るために、日本の四季や文化について、短い話を聞いたり読んだり紹介したりしている。

[主体的に学習に取り組む態度]：自分のことを伝え、相手のことをよく知るために、日本の四季や文化について、短い話を聞いたり読んだり紹介したりしようとする。

第５・６時	第７・８時
第３小単元（展開②）	**第４小単元（まとめ）**
学習した表現を使い、日本の四季や行事、行事ですることを紹介する。	相手に伝わるように工夫しながら、日本の四季や行事、行事ですることを紹介する。
５．おすすめ日本文化の紹介内容を考えよう **① Let's Chant ①②** **②紹介内容を考える** グループで紹介する季節・行事を選ぶ。その際、クラスで４つの季節に分かれ、おすすめは何かを考えるように伝える。紹介する内容、構成を考え、紹介ボードの４線上に自分の紹介する季節の語句を下書きする。 **６．おすすめ日本文化を紹介しよう①** **③日本文化紹介** どのようにしたら相手に伝わりやすいかを考えさせた後、練習をする。そして、２グループで見合いアドバイスをし合う。最後に、紹介ボードの４線上に紹介する季節の語句を書き写す。	**７．おすすめ日本文化を紹介しよう②** **①グループ練習・発表** チャンツ等で表現の確認をし、相手に伝わりやすくするための工夫を確認した後、班で練習・発表し、その様子を撮影する。 **８．「日本のすてき」を聞き取ろう** **②「日本のすてき」を視聴する** 「日本のすてき」を聞き、聞き取れた語句を確認する。 動画を見たALTの家族・友人のコメントを紹介する（後日でもよい）。子供が単元を通して感じたことを共有し、日本文化のよさを感じ、外国のことを理解した点など教師が感じたことも伝える。

※本単元における「アルファベットの音読み」については目標に向けて指導は行うが記録に残す評価は行わない。

【主体的・対話的で深い学びの視点】

これまで、自分や地域のことを学んできた。この単元からは、日本について学ぶ。ALTの母国紹介を聞き、文化の違いを感じることは、異文化理解を深めるよい機会である。ALTの家族や友達に紹介したい日本文化を、地域の行事や食べ物も加えながら考え、改めて日本文化のよさを感じ理解を深めさせたい。発表では相手に「伝わる」ためにはどうしたらよいかを考え、内容や構成を工夫して相手意識をもって取り組ませる。ALTや家族等にコメントをもらうことで伝わった喜びや達成感を感じさせたい。

【評価のポイント】

本単元では、「聞くこと」「書くこと」について、チャンツやSmall Talkで十分に聞いたり話したりした後、季節や行事、行事ですることについて短い話を聞いて、その概要を聞き取る様子や教科書に記入する内容から評価する。「読むこと」については、これまでの文を読み合っている様子等を記録に残す。

「話すこと［発表］」については、日本文化を紹介する練習・発表時に、相手に伝わりやすいように内容構成や話し方等をアドバイスし合い、自己調整しながら粘り強く取り組む様子を行動観察の記録や振り返りカードで評価する。

第1時 ALTの国紹介を聞いて、季節や行事の語句を知ろう

本時の目標

ALT の国紹介の動画を見て、概要を捉えることができる。

準備する物

- ALT の母国紹介に使用するもの（動画でも可）
- 振り返りカード
- 季節・行事・行事ですることの絵カード
- 学習計画表（掲示用）

本時の言語活動のポイント

ALT の母国について、季節、行事、行事ですること（遊びや食べる物）などを紹介してもらうように依頼をしておく（可能であればゴールのイメージをもちやすいように動画を用意）。

聞き取れた語句を季節、行事、行事ですることに分けて板書し、日本はどうかと考えやすいようにするとよい。Small Talk で ALT が子供に "What season do you like? What do you do ～?" と聞き、やり取りをしながら子供の日本語の発話を英語にして語句を知らせ、教師は絵カードを提示していく。

【「聞くこと」の指導に生かす評価】

◎本時では、記録に残す評価は行わないが、目標に向けて指導を行う。

・Small Talk で ALT とやり取りをする活動等を中心に見取る。

本時の展開 ▷▷▷

1 ALT の国の季節・行事・行事ですることを聞く

ALT の母国の季節（気候）、行事、行事ですることや食べ物の紹介動画を視聴する。聞き取れたことを季節・行事・行事ですることに分けて確認し、日本との違いを知る。教師がモデルとなり、四季がないことや初めて知る行事をリアクションして楽しく理解する雰囲気をつくる。

2 Small Talk：ALT とのやり取りで語句や重要表現を知る

日本の四季、主な行事、行事ですることや食べ物について ALT が子供に "Now your turn. Tell me, please!　What season do you like?" と尋ね子供の「秋！」の答えに、"Oh, fall!" とやり取りをしながら、季節、行事、行事ですることの重要語句に出合わせていく。

NEW HORIZON Elementary 5 ／ Unit 7　板書のポイント：ALT の母国について知り、日本について考えやすいように整理する。

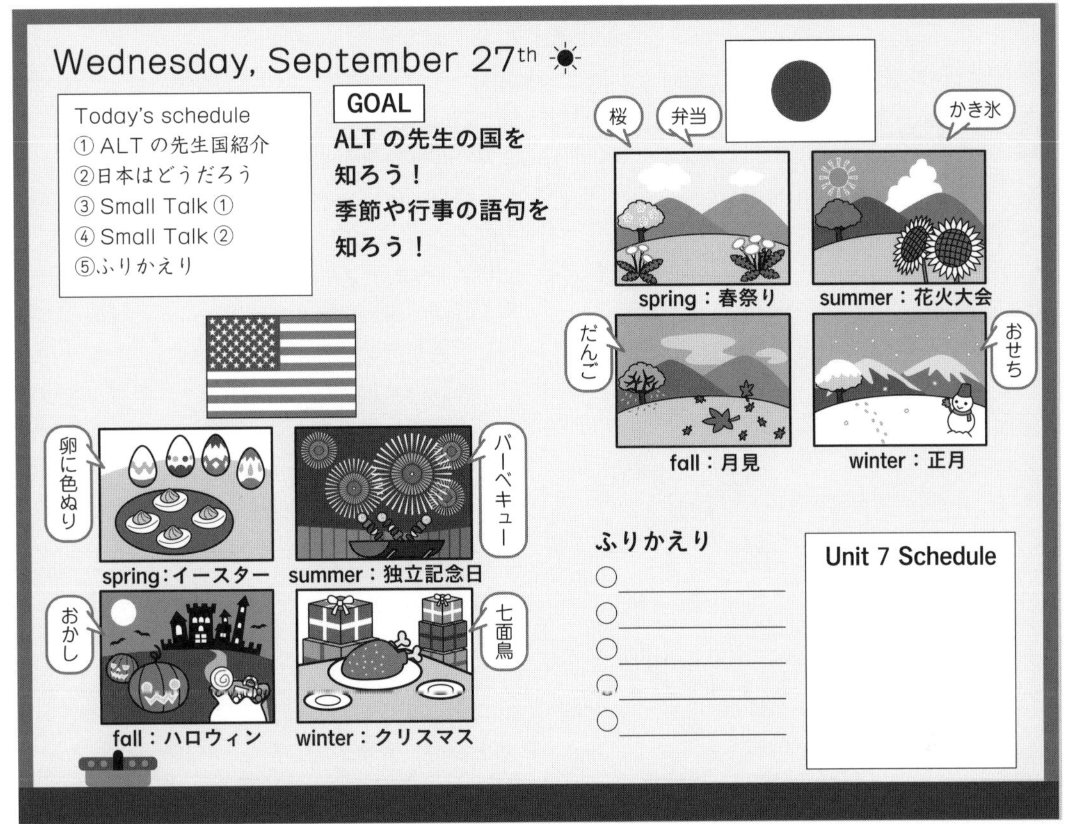

3 Small Talk：ALT とのやり取りで語句や重要表現に慣れる

やり取りの中で知った季節や行事、行事ですることの語句を絵カードで ALT と確認する。その後もう一度 “What season do you like?” とやり取りしながら、“Fall!” “Oh, you like fall?” “Yes, I like fall.” と文で答えるように促し、重要表現に慣れさせていく。

4 振り返りをする

単元のゴールに、お返しに日本紹介動画をつくることを提案し、単元のゴールを理解する。本時のゴールに沿って振り返りを行い、振り返りカードに記入する時間をとる。数人発表して共有し、次時につなげる。単元の学習計画を提示して学習の見通しをもたせる。

第2時 自分の好きな季節と理由を伝え合おう

本時の目標

自分の好きな季節とその理由を伝え合うことができる。

準備する物

・振り返りカード
・四季、行事、行事ですること等の絵カード（掲示用）

本時の言語活動のポイント

自分の好きな季節と理由を伝えたり、友達の好きな季節とその理由を尋ねたりするインタビュー活動である。

音声に慣れた後、ワークシートに自分の好きな季節と行事を書き、インタビューをする。季節と行事の重要語句の練習とやり取りの表現練習を十分した後、まずペアで練習する。子供が自信をもってやり取りができることを行動観察で確認し、全体で活動する。

【「聞くこと」の指導に生かす評価】
◎本時では記録に残す評価は行わないが、目標に向けて指導を行う。
・インタビューの場面で相手とやり取りをする場面等を中心に見取る。

本時の展開 ▷▷▷

1 Let's Chant ①をする

Let's Chant ①をする。できるところから口ずさむように伝え、1回目が終わった後、聞き取れた語を絵カードで確認をする。内容を確認した後、summer, fall, winter はどのように表現をするか確認する。2回目の音声を聞かせ、実態を見ながら数回チャンツを行う。

2 好きな季節・行事を伝え合う

まず、教師が季節や行事の絵カードを掲示しながら、“Do you like ～? What ～ do you like? Why?” などと子供とやり取りする。十分にやり取りを行った後、**3** の活動につなげる。

3 好きな季節と行事についてのインタビュー

活動のポイント：中間指導を行い、リアクションができていたり上手に伝え合えているペアを紹介する。

【1】自分の好きな季節と行事をインタビューカードに記入する。
（1時で扱っていない行事でもよいことを伝える）
【2】ALT と教師のデモ会話を聞く。

A：Hello! What season do you like?
T：I like spring!
A：Oh, me too! Why do you like spring?
T：We have Saiki Spring Festival in spring.
A：Wow nice!
T：Why do you like spring?
A：I like Dolls Festival!
T：Oh I see. Thank you! See you!

【3】ペアで練習をする。
【4】中間指導を行う。

3 好きな季節・行事をペアで伝え合う

	Name（自分）	Name（　）	Name（　）	Name（　）	Name（　）
季節 season	春				
理由 why?	佐伯春祭り				

まず、地域の伝統的な行事など、自分の好きな季節とその理由を、インタビューカードに書き、それを基にペアでやり取りをする。デモ会話をする際、Wow! Me, too! 等のリアクションを行い、聞く側の答え方も示す。

4 音読みに出合い、本時の振り返りをする

電子黒板で “Animal Jingle” を聞かせる。bag を例に、「ビーエイージー」ではないことを伝え、音を知ることで語が読める楽しさを感じさせる。Aa～Cc の名称読み、音読みを実態に合わせ複数回聞き、できるところを口ずさむよう伝える。ゴールに沿って振り返る。

第3時 好きな季節や理由、行事ですることについての会話を聞き取ろう

本時の目標

好きな季節や理由、行事ですることを聞き取ることができる。

準備する物

- 振り返りカード
- 四季、行事、行事ですること等の絵カード（掲示用）

本時の言語活動のポイント

チャンツやSmall Talkで“What do you do on New Year's Day?”“I usually play *karuta*.”等を聞いたり言ったりして、その言い方に慣れる。

Small Talkの続きで、行事について教師と子供でやり取りをする。子供の回答を英語に置き替えたり、既習の表現でどう言い表せばよいかを全員で考えたりして、子供が自ら言葉を身に付けていくようにする。

【「聞くこと」の指導に生かす評価】

◎本時では、記録に残す評価は行わないが、目標に向けて指導を行う。好きな季節、理由、することを聞いている様子を観察し、指導に生かす。最後の活動で、聞き取っている様子とワークシートの記載内容を中心に観察し、気になる子供の様子をメモしておく。

本時の展開 ▷▷▷

1 Let's Chant ②をする

Let's Chant ②を行い、重要表現に慣れる。1回目の後で聞き取れた語を絵カードで確認して内容を確認する。その後2回目をする。学級の実態に合わせて、数回音声を流して口ずさむように伝える。

2 Small Talk をする

教師は各行事ですることについてSmall Talkをする。ALTと、またはパペット等を使い、やり取りをする。十分やり取りを聞かせた後、子供に尋ねる。“What do you do on New Year's day?” “I usually play *karuta*!”“Oh, me, too!”など。

3 行事についてやり取りをする（発展的な活動）

活動のポイント：子供が日本語で答えたことを英語に置き換え、行事ですることの表現に出合わせていく。表現に慣れたら、活動に変化を付ける。

①子供の数だけ、行事の絵と語句の書いたカードを準備する。
　2つ折りにし、中の見えないものがよい。例：New Year's Day/Halloween 等。
② "Close your eyes, please." と言い、子供が目を閉じている間にカードを教室の各所に隠す。
③ "Open your eyes, please." の合図とともに目を開けて、子供はカードを探し、見付けた宝物を教師に持ってきて、やり取りをする。

子供：カードを見せながら、New Year's Day!
教師：What do you do on New Year's Day?
子供：I usually play karuta!
教師：Wow! Me, too!

3 行事についてやり取りをする

Small Talk に続けて行う。教師が "What do you do on ～?" と様々な行事に行うことを子供たちに尋ね、子供の日本語での答えを You usually ～. という表現に置き換えていく。子供たちが表現に慣れ、時間に余裕があれば、活動に変化を付けてもよい。

4 Starting Out No 3 ～音読み、本時の振り返り～

Starting Out の No 3 の場面を確認して、好きな季節、行事、行事ですることを聞き取るように伝えて音声を聞かせる。"Animal Jingle" を聞き、口ずさめるところを口ずさむ。Dd～Gg のカードを見ながら発音をする。ゴールに沿って振り返りを行う。

第4時 四季や行事、行事ですることについての会話を聞き取ろう

本時の目標

四季や行事、行事ですることについて概要を聞き取ることができる。

準備する物

- 振り返りカード
- 四季・行事・行事ですること等の絵カード（掲示用）
- Small Talk で使う写真・実物等

本時の言語活動のポイント

行事での食べ物を聞いた子供は、It's delicious!/good!/nice! などをジェスチャーを付けて答えるようにする。ジェスチャー付きで楽しく答え方の練習をする。

届く声で発音できることを指導し、全員がルールを理解して、自信をもって発音できるよう、食べ物絵カード等で十分に発話をした後に活動をする。

【「聞くこと」の指導に生かす評価】

◎本時では、記録に残す評価は行わないが、目標に向けて指導を行う。四季や行事、行事ですることについて短い話の概要を捉えている様子を観察する。最後の活動で、聞き取る様子や教科書の記述を確認して、気付いたことをメモしておく。

本時の展開 ▷▷▷

1 Let's Chant ①②を行い、重要語句・表現に慣れる

Let's Chant ①②を行い、重要語句に慣れる。Let's Chant ①は前時で確認した spring, summer, fall の場合の表現を確認して発音する。

2 行事で食べる物を整理する

第１時で子供から出た意見（例：春祭り・弁当、花火・かき氷、月見・だんご、正月・おせちなどの行事での食べ物）を全体で確認し、既習の We can ～. を使って紹介する。また、ジェスチャー等加えながら楽しく It's good/delicious/nice! の言い方に慣れさせる。

3 行事ですることについて伝え合う（発展的な活動）

活動のポイント：伝えた子供の言葉に“It's delicious!”等リアクションをして楽しくリレーする。

①教師は練習した食べ物のカードを裏にして１番前の席の子供に渡す。
②合図で１番前の子供はカードを見て、後ろの席の子供に、“We can eat（カードに描かれている食べ物・季節）.”で伝える。
③聞いた子供は“It's delicious!/good!/nice!”等をジェスチャー付きで答え、振り向いて後ろの子供に、同じように“We can eat（カードに書かれている食べ物）”を伝えていく。
④１番後ろの子供は、前の席の子供から伝えてもらったら、“It's delicious!/good!/nice!”等で答えた後、立ち上がり、教師に“Finished!”と伝える。

3 行事ですることについて伝え合う

2 に続けてペアで行う。ペアで１枚の行事カードを引き、その行事ですることについて、伝え合う。中間指導を入れながら、ペアを替えてくり返す。学級の実態に合わせ、リレー形式でやり取りすることも考えられる（速さを競うのではなく、やり取りを楽しむ）。

4 Let's Listen 2 を行う ～音読み、本時の振り返り～

場面を確認し、何を聞き取るかを確認した後で、音声を聞かせる。子供たちの様子を見ながら２回聞かせる。“Animal Jingle”で口ずさめるところを口ずさむ。Jj～Ll をカードを見ながら発音をした後、ゴールに沿って振り返りを行う。

第5時 おすすめ日本文化の紹介内容を考えよう

本時の目標

学習した表現を使い、日本の四季、行事、行事ですることの紹介をグループで考えることができる。

準備する物

・ワークシート（紹介したい日本）
・振り返りカード
・四季、行事、遊び等の絵カード（掲示用）

本時の言語活動のポイント

本時は2～3人のグループで、自分たちの紹介したい日本の四季、行事、遊び、食べ物等を考える活動を行う。ALT の家族や友達に、どんな日本文化を紹介したいかを考え、これまで学んだ語句や表現を思い出しながらどう表現したらよいかを考える。グループで助け合いながら、表現がどうしても分からないときは教師や ALT に尋ねる。

教師は班ごとに支援をしながら、全体に広げたほうがよい場合は、表現を確認したり、よい点などを共有したりして学級に広げる。

【「話すこと［発表］の指導に生かす評価】
◎季節や行事、行事ですることについてグループで紹介している。
・本時では記録に残す評価は行わないが、目標に向けて指導を行う。季節や行事、行事ですること、食べ物についてグループで紹介する表現を考える活動等を中心に見取る。

本時の展開 ▷▷▷

1 Let's Chant ①②をする

Let's Chant ①②をする。様子を観ながら口ずさみにくそうな語を絵カードで発音して実態に合わせて数回行う（dance *bon-odori* 等）。

2 自分たちの紹介したい日本の季節を決め、表現を考える

2～3人のグループで、どの季節を紹介するか選び、行事や行事ですること、食べ物を考える。地域の伝統的な祭りや食べ物を加えてもよいことを伝え、ALT の家族や友達に見て欲しいもの、食べて欲しいものなど、自分たちが本当に紹介したいものを考えるように伝える。

2 3 グループで紹介内容を考えよう

活動のポイント：紹介に入れるとよいものを提示し、「順番を変えたり付け加えて、『伝わる』ように内容を考えよう」と伝える。

①２～３人のグループを決め、紹介したい季節を話し合い、選ぶ。
②行事や行事ですること、食べ物を考える。
③単元で学んだこと、既習の表現でどのように表すか考える。
④教師から、紹介に入れるとよいものを提示し、付け加えたり、順番を変えてよいことを伝える。
※時間があれば、子供たちに考えさせてもよい。

紹介に入れるとよいもの

①自己紹介
②紹介ボードを使い、季節の紹介
③なぜ好きかの理由
④行事ですることや感想
⑤行事で食べるものや感想

3 自分たちの紹介する季節を紹介ボードに書き写す（下書き）

「紹介ボードで四季を表そう」と提案する。ボードには季節の写真と４線上に季節の語を書けるようにしておく。「文字がきれいだと伝わりやすいね。下書きをしてみよう」と伝え、下書きができるスペースをつくっておき、書き写させる。書く目的をもって活動していく。

4 音読みに慣れる ～音読み、本時の振り返り～

“Animal Jingle” を口ずさめるところを口ずさむ。Ll～Oo をカードを見ながら発音する。ゴールに沿って振り返りを行う。

第6時 おすすめ日本文化を紹介しよう①

本時の目標

学習した表現を使い、日本の四季、行事、行事ですること等を紹介することができる。

準備する物

・振り返りカード
・ワークシート（紹介したい日本）
・撮影用のタブレット端末等

本時の活動のポイント

話し方の４つの視点を思い出し、「内容が伝わる」ためにはどうしたらよいかを考えさせる。国語科とも関連を図り、文の構成や話し方等の工夫を考えさせる。“Do you know cherry blossoms?” と最初は質問形式で行い、何枚か地域のきれいな桜の名所の写真を見せてはどうかと考えたり、“It's beautiful!” は３人で声を合わせてジェスチャーをしてはどうかというアドバイスが出てきたりするなど、グループでさらに練習ができる姿を目指したい。

【「話すこと［発表］」の指導に生かす評価】

◎本時では、記録に残す評価は行わないが、目標に向けて指導を行う。日本の四季や文化について、簡単な語句や基本的な表現を用いて紹介している様子を観察する。既習表現などを用いて練習・発表する様子を確認して、気付いたことをメモしておく。

本時の展開 ▷▷▷

1 グループで練習し、伝えるための工夫をする

グループで前時に考えた文を練習する。グループごとに支援を行い、表現等の支援をする。その際、話し方の４つの工夫と、紹介する内容の構成について、伝える内容を選んだり順番を決めたりし、相手に伝わるように話し方を工夫することを思い出させる。

2 2グループで見合い、アドバイスをする

みんなで考えた工夫を中心に、２つの班でお互いの発表を見合い、アドバイスをし合う。前向きな言葉かけにするよう伝える。その後、アドバイスをもとに練習をする。可能であれば、お互いに撮影して自分たちの発表動画が見られるようにする。

 板書のポイント：子供から出た意見をまとめて整理をする。

3 相手グループを替え、発表をよりブラッシュアップする

2グループで見合い、アドバイスをし合う。全体でよい点や改善点を共有した後、別グループで見合い、アドバイスをし合う。まずは子供に活動をさせてみて、子供の中からよい点や改善点を出させるようにする。

4 紹介ボードに季節を書き写す ～音読み、本時の振り返り～

「映ったときにきれいに書けていると見やすくて伝わりやすいですね」と声をかけ、書く目的を確認し、紹介ボードの４線上に紹介する季節の語を書き写す。その後、“Animal Jingle” をする。Pp～Ss は、カードを見ながら発音をする。ゴールに沿って本時の振り返りをする。

第7時 おすすめ日本文化を紹介しよう②

本時の目標

相手に伝わるように工夫をして、日本の四季、行事、行事ですること等を紹介したり、書き写したりできる。

準備する物

・振り返りカード
・季節の紹介ボード
・撮影用のタブレット端末等

本時の言語活動のポイント

単元で学んだ語句や重要表現、既習表現を用いて、相手に伝わるように工夫して ALT の家族や友人に知ってもらいたい日本の文化を紹介する。

前時のアドバイスをもとに自己調整をしながらグループで「伝わる」工夫をして紹介する姿を目指したい。心を込めて楽しんで発表できるとよいこと、聞く側は最後にリアクションをしたり他の班の発表を聞いて気付いたこと等を書いたりするように伝える。

【「聞くこと」「読むこと」「話すこと［発表］」の記録に残す評価】

◎日本の四季や文化について、相手がよく分かるために、伝わるよう工夫して紹介している／しようとしている。

◎ALT の家族になりきり、日本の四季や文化について分かったことを聞いている／聞こうとしている。

・発表や聞いてる様子等を観察し、3観点について記録を残す。〈行動観察〉〈振り返りカード〉

本時の展開 ▷▷▷

1 グループで前時のアドバイスを生かして練習をする

本時の目標を確認する。いよいよ単元のゴールであることを伝え、1時で見た ALT の動画を思い出させる。前時でみんなで考えた「伝わる」ための工夫点を確認する。そして、「心を込めて楽しんで伝えよう！」と伝える。

2 グループ発表をする①

グループごとに発表をする。教師はタブレット端末等で撮影を行い、他の子供たちは、終わった後にリアクションをするとともに、気付いたことや聞き取った内容とそれについての感想を書く。

2 3 おすすめ日本文化を紹介しよう

活動のポイント：話す側は、内容の構成、文の順番、話し方を踏まえて発表を行う。聞いている側は、発表後に Wow! Good job! Nice! 等のリアクションをしながら楽しんで聞く。

3 グループ発表をする②

教師は発表後に、聞いている子供たちの中から工夫している内容や構成についてのコメントで共有するとよいものがあれば紹介する。また、聞いている様子についてもよい点を認める。

4 清書して読み合う

これまで書きためてきた文を清書し、グループ内で読み合う。清書の際、相手によりよく日本のことが伝わるよう、例文を参考に文を書き加える。日本の文化についての気付きをさらに深めていきたい。

第8時 「日本のすてき」を聞き取ろう

本時の目標

日本のすてきを見て概要を捉え、単元で学習したことを振り返ることができる。

準備する物

- 振り返りカード
- 日本のすてき用の日本地図
- 日本のすてき用のうるし塗り写真等
- （可能であれば）ALT や ALT の家族や友達から動画を見たコメント

単元の振り返りのポイント

単元の振り返りをする。単元を通して、気付いたことや感じたことを共有する。外国文化への理解や改めて感じた日本のよさ、相手を意識して発表したこと、他のグループの発表から気付いた日本文化のよさにも触れられるとよい。教師の振り返りも伝える。日本文化のよさを改めて感じたことや誇りをもったことを伝え、子供が日本文化に誇りをもち、相手意識をもって紹介ができたことを評価する。可能であれば動画を見た家族のコメントがもらえると達成感や伝わった喜びを感じさせることができる。

【「読むこと」「書くこと」の記録に残す評価】

◎日本の四季や文化について読んだり書いたりして、相手に伝わる工夫を考えている。

・前時のグループ発表で聞いたことを生かし、例文を参考に文を書き加えたり、清書された「日本のすてき」を読み合っている様子を３観点で見取る。

本時の展開 ▷▷▷

1 Do you know? を視聴し、世界での日本文化を知る

Do you know? を視聴して、世界で人気のある日本文化を知る。子供の興味のある漫画やゲームについて紹介する。学級の実態に合わせて子供に人気があり、さらに世界で有名な他の写真も用意して、理解を深める。

2 「日本のすてき」を視聴する

日本のすてきを視聴する。視聴する前に、聞き取ることを確認してから視聴する。聞き取れた語と内容を確認する。日本地図で場所を確認したり、他の作品の写真を見せたりしながら、日本の伝統工芸である漆について紹介をして理解を深める。

 板書のポイント：1時間の学習内容が分かるように整理する。

Monday 7th September ☀

Today's Goal 日本のすてきを聞き取ろう

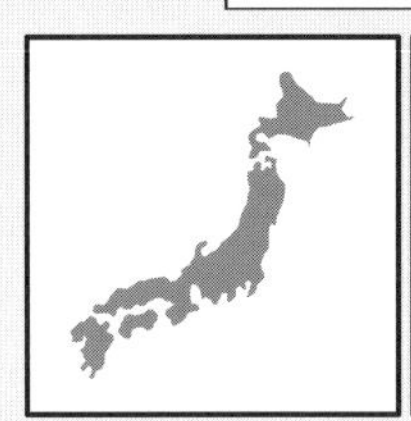

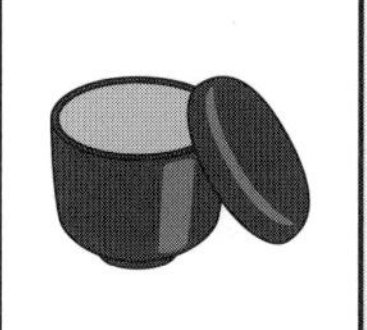

Today's schedule
① Do you know?
②日本のすてき
③ Animal Jingle
④単元のふりかえり

ふりかえり
・アメリカのハロウィンは日本と少し様子が違った。ジャコウランタンをつくってみたい。
・春の班の人たちの発表で、改めて日本の桜や祭りは美しいと思った。もっと日本文化を世界に伝えたい。

3 「日本のすてき」について清書し、読み合う

前時 **4** の続きを行う。本単元最後のまとめとして、前時のグループ発表で聞いたことを生かし、例文を参考に文を加える。その後、それらを読み合っていく。

4 単元の振り返りをする

ゴールに沿って振り返りを行う。ペアで伝え合い、数人で紹介して単元を通して感じたことを共有する。教師が感じたことを伝え、ALT の家族や友達からのコメントが間に合えば伝える。外国の人に日本文化を発信できた達成感、伝わる喜びを感じさせたい。

本単元の Key Activity

第7時 おすすめ日本紹介動画をつくる

活動の概要

第７時にグループ（２～３人）でおすすめする日本の季節、行事、行事ですることを紹介する。前時で確認した「話し方の４つの視点」や内容の構成、文の順番、話し方を踏まえて練習をする。その後、発表を行う。聞くグループは、発表後にリアクションをしたり、紹介する内容や話し方など「伝わる」ための工夫についてコメントができるように指導する。

活動をスムーズに進めるための３つの手立て

①流れの確認
学習計画を見せながら授業の流れと単元のゴールであることを確認する。

②練習時間をとる
前時のアドバイスを生かし練習する時間をとる。

③撮影とリアクション
撮影をすることで楽しく紹介できる。聞く側もリアクションして心を込めて紹介し楽しむ。

活動前のやり取り例

T：Are you ready?
C：Yes!
T：These are some points for audience. Do you remember?
C：Yes! Listeners points!
T：Please be a good listener.
And after the presentations, write some comments.
C：OK!
T：Let’s enjoy the presentations!

活動前のやり取りのポイント

前時の「伝わる」ためのポイントを確認して練習を行う。自信をもって発表できるように練習の時間をとる。これまでのがんばりを伝え、発表するときは心を込めて楽しんで発表をすること、また聞くときには、各グループの発表の後にリアクションをしたり内容等についてワークシートにコメントを記入したりするように指導し、楽しんで発表ができる雰囲気がつくれるよう配慮する。

活動のポイント

本単元の言語活動「おすすめ日本紹介動画をつくろう！」のゴールとなる活動である。学習計画でいよいよ本番であることを確認し、発表前に前時のアドバイスを生かした練習を再度行い、自信をもって発表できるようにしたい。また聞く側は、よく聞いて、発表後に Wow! Good job! Nice! 等のリアクションをすることで、学級全体で楽しく取り組ませるようにしたい。

３人：Hello!（祭はっぴを着て）
①：I am Hana. ② I am Taku. ③ I am Rie.
３人：We like summer!（紹介ボード）
①：We have Fire Works Festival in summer.
（花火大会写真）
３人：It's beautiful!
②：Do you like dancing?（３人で盆踊りジェスチャー）This is *bon-odori*.
③：We usually dance *bon-odori* at Fire Works Festival.
①：We can eat shaved ice.（屋台かき氷写真）
３人：It's delicious! Thank you!

活動後のやり取り例

T：You did a good job!
I think cherry blossoms in Mt Shiroyama are beautiful!
Did you enjoy it?
C：Yes!
T：Do you have any comments? Japanese is OK!
C：(Comments)
C：(Comments)
T：Let's give this movie to our ALT!

活動後のやり取りのポイント

振り返りで「城山の桜はきれいだから伝えたいな」「最初に Do you like dance? と聞いていて楽しく分かりやすかった」等のコメントを共有し、教師のコメントを伝える。第８時で ALT や ALT の家族や友達のコメントが届くと、伝わった喜びと達成感につながる。

Unit 8 Who is your hero?

8時間 【中心領域】聞くこと、話すこと［発表］

単元の目標

自分や自分のあこがれの人のことをよく知ってもらうために、できることや得意なこと等についてまとまった話の概要を聞き取ったり、内容や構成、表現を考えたり、伝え方を工夫したりして、聞き手に配慮しながら紹介することができる。

第1・2時	第3・4時
第1小単元（導入）	**第2小単元（展開①）**
あこがれの人という話題の導入をし、これらに関する語句や表現と出合う。	自分や相手のできること、得意なことを聞いたり話したりする。
1．単元のめあてと My Hero の紹介の仕方をつかもう **① Small Talk・Starting Out** 自分のあこがれの人を紹介する単元末の言語活動についてのイメージをもつ。 **② Let's Sing・Let's Chant ①** あこがれの人のできることや得意なこと等を伝える表現に出合う。 **2．日常生活について聞いたり話したりしよう** **③ Small Talk** 日常生活や頻度の言い方に出合う。 **④日常生活の表現に慣れ親しむ。** ※単元末の My Hero：自分のヒーローの名前を書く。	**3．できることについて話したり尋ねたりしよう** **① Small Talk・Let's Chant ①等** できることを聞いたり話したりする。 **②「クラスのヒーロー」** 自分ができないことができる友達を探す活動を行う。 ※自分のヒーローができることを考え、メモする。 **4．得意なことについて聞いたり話したりしよう** **③得意なことを伝え合う** 得意なことを聞いたり話したりする。 ※単元末の My Hero：自分のヒーローの得意なことを考えメモする。

本単元について

【単元の概要】

本単元は My Hero（自分の大切な人やあこがれの人）について、その人のすばらしさや自身のあこがれの気持ちを伝えるために、できることや得意なこと等を紹介する言語活動を単元末に設定している。ヒーローを紹介し合う活動は、友達の新しい一面を知る機会であると同時に、自分が関心をもっていなかった分野に出合うチャンスでもある。単元末にはみんなの Hero シートを集めた "Hero Map" を作成し、あこがれの世界や未来の世界の広がりを視覚的に感じさせながら、友達のヒーロー紹介を聞いた感想を交流し合い、コミュニケーションの楽しさを味わわせたい。

【本単元で扱う主な語彙・使用表現】

《語彙》

1日の生活（clean my room, go shopping 等）、頻度（always, sometimes, never）、人柄（kind, friendly, active 等）

《表現》

Who is your hero? My hero is ～. He/She is good at ～. He/She is（kind）.

《本単元で使う既習の語彙・表現》

頻度（usually）、職業（soccer player, baker, scientist 等）、家族（mother, father, brother 等）スポーツ、楽器、動作（play ～. do ～. 等）、He/She can ～. I want to be ～.

単元の評価規準

[知識・技能]：Who is your hero? My hero is ～. He/She is good at ～. 及びその関連語句などについて理解しているとともに、日常生活やできること、得意なこと等について聞き取り、これらの表現を用いて話している。

[思考・判断・表現]：自分や自分のあこがれの人のことをよく知ってもらうために、できることや得意なことについて話の概要を聞き取ったり話したりしている。

[主体的に学習に取り組む態度]：自分や自分のあこがれの人のことをよく知ってもらうために、できることや得意なことについて話の概要を聞き取ったり話そうとしたりしている。

第5・6時	第7・8時
第3小単元（展開②）	**第4小単元（まとめ）**
第3者（友達）のできることや得意なことを紹介する。	自分や自分のあこがれの人のことを知ってもらうために、できることや得意なこと等を紹介する。
5．人柄について聞いたり話したりしよう **①ステレオ・クイズ** 様々な物語の登場人物の人柄について話す。 ※単元末の My Hero：自分のヒーローについて、自分が思う人柄をメモする。 **6．先生や友達を紹介したり聞いたりしよう** **②「みんながヒーロー」** ペアで自分のできることや得意なことを伝え合う。そのメモをもとに友達のできることや得意なことを自分の思いを込めてグループで伝え合う。 ※単元末の My Hero：メモをもとにペアでヒーローを紹介し合う。	**7．My Hero シートを作ろう** **①「My Hero シート」を作る** 第2～5時のメモを参考にして、あこがれの人を紹介する。 **②「My Hero」ペアで紹介する** ペアでヒーローを紹介し合い、感想を言ったりアドバイスをしたりする。 **8．「My Hero」を紹介して、クラスの「Hero Map」を作ろう** **③「My Hero」を紹介する** 自分のあこがれの人について、できることや得意なことを自分の思いを込めて伝え合う。 **④学級全体のヒーローを掲示し、単元の振り返りをする**

【主体的・対話的で深い学びの視点】

「My Hero あこがれの人」については、思いの込もった自分発信のヒーロー紹介にするために、子供自身の好きなことや興味・関心、日常生活から考えさせ、自己決定させる。その上で、自分の「あこがれの人」のすばらしさや自分のあこがれの気持ちを相手に分かってもらうために、どんなことをどんな順番で、またどのような表現を使って伝えればよいか等を子供たちに考えさせる。その際、Unit 3 の I want to be ～. や Unit 4 の He/She can ～. 等、既習の学びを振り返らせ、表現の幅が広がる楽しさを感じさせたい。

【評価のポイント】

十分に聞いたり話したりする活動を行ってから、「聞くこと」「話すこと［発表］」について記録に残す評価を行う。第7・8時に子供が自分のヒーローについて、内容を付け加えたり構成や言い方を考えたり、ペアやグループで紹介したりしている様子に注目し、振り返りカードの記載と合わせて3観点について評価をする。記録に残す評価をしない場面においても、子供の活動の様子を見取り、「おおむね満足できる状況」となるように支援・指導する。

第1時 単元のめあてとMy Hero紹介の仕方をつかもう

本時の目標

ALT の「あこがれの人」紹介を聞いて大まかな内容を理解し、単元のゴールのイメージをつかむことができる。

準備する物

・Small Talk に使う写真やカード
・Starting Out（No.5 ～ 8）用カード
・振り返りカード

本時の言語活動のポイント

1 では、ALT との Small Talk で単元末の言語活動を導入する。週末にすることの話から ALT の生活や興味・関心と結び付けて、好きな選手をヒーロー（例：野球選手）として紹介する。できることや得意なこと等を伝え、ヒーローのすばらしさやあこがれの気持ちを伝える。教師は違う分野（例：歌手、家族）からヒーローを挙げ、**2** の Starting Out と合わせて、子供たちがヒーローを考える際に 1 つの分野に絞らず、様々な分野から選べるようにする。

【「話すこと［発表］」の指導に生かす評価】

◎本時では、記録に残す評価は行わないが、目標に向けて指導を行う。子供の学習状況を記録に残さない活動や時間においても、教師が子供の学習状況を確認する。単元末の言語活動に出合う本時では、Small Talk 等を工夫し、ヒーロー紹介に向けて子供たちの意欲を高める。

本時の展開 ▷▷▷

1 Small Talk をする

週末によくすることについてのやり取りから自分のあこがれの人を紹介する。その人のできることや得意なこと、人柄等を自分の日常生活や興味・関心と関連付けて紹介する。教師のヒーローは異なる分野の人物にする。一方的に話すのではなく、問いかけながら行う。

2 Starting Out 様々なヒーローと出合う

Emily 他、4 人の登場人物がそれぞれのヒーローを紹介する。「ヒーローに選んだ理由は何だろう？」と推測させて聞かせる。1 回目はヒーローを聞き取らせ、2 回目は聞き取ったその他の情報を確認しながら、紹介する際の表現に出合わせる。

指導のポイント

ALT のあこがれの人について、子供たちとやり取りをしながら内容を確認し、カードを貼って内容を視覚化する。

3 Let's Sing：“My Hero” 紹介の表現に親しむ

1回目はヒーローが誰かを聞き取らせる。2回目は「どうしてヒーローに選んだのかな？」と問いかけてから聞かせ、内容を確認する。3回目は聞き取った内容を確認しながら歌える部分を歌ってみようと、目的を変えながら何度も聞かせたり、歌ったりさせる。

4 Sounds and Letters 本時の振り返りをする

“Food Jingle” を流す前に「どんな食べ物が出てくるかな？」と予想させて聞かせる。その後 Aa～Cc の３つの音を確認する。振り返りでは、黒板の ALT のヒーローマッピングをもとに ALT に続けて紹介をする。ヒーローのすばらしさを伝える具体的な内容を考えるヒントとする。

第2時 日常生活について聞いたり話したりしよう

本時の目標

日常生活について聞いたり話したりすることができる。

準備する物

・Small Talk に使う写真やカード
・日常生活のカード（黒板用）
・ワークシート
・ワードリスト（間柄・職業）
・振り返りカード

本時の言語活動のポイント

Small Talk では、ALT と夕方の過ごし方について話す中で、日常生活や頻度について触れ、子供たちに尋ねながら話をする。頻度等、子供たちになじみのない語句も多いので、教師が尋ねたり、既習語句を用いて分かりやすく言い換えたりして理解を助ける必要がある。また、子供たちの生活環境は様々であることから、「それぞれの生活スタイルを大事にする」という視点を忘れずに進めたい。

【「話すこと［発表］」の指導に生かす評価】

◎本時では、記録に残す評価は行わないが、目標に向けて指導を行う。子供の学習状況を記録に残さない活動や時間においても、教師が子供の学習状況を確認する。日常生活や頻度の表現については、言い換えたり視覚的に示したり、ジェスチャーを用いたりしながら慣れ親しませる。

本時の展開 ▷▷▷

1 Small Talk をする（Stating Out No. 1～4 の絵で）

Small Talk で日常生活の話題にふれ、Stating Out（No. 1～4）の4つの動作については、CD を使わず、Small Talk の続きとして ALT とやり取りを行う。その際、近くのスーパー等、身近な生活を話題に盛り込む。頻度については分かりやすいように曜日で補いながら話す。

2 「いくつ当たるかな？」日常生活の表現に親しむ

ALT の生活を予想して、予想の枠から選んで丸で囲む（右上図参照）。教師に続いて全員で “Do you clean your room?” と ALT に尋ねる。ALT は “Yes, I do. I sometimes clean my room.” と頻度を入れて答える。予想と答えの欄を増やせば、2人、3人に聞くこともできる。

2 日常生活の表現に親しむ活動：いくつ当たるかな？

活動のポイント：ALT の生活を予想して尋ねたり聞いたりすることで、聞くことに必然性をもたせる。

3 「My Life」自分の生活を言ってみる

子供たちは、「I」「頻度」「動作」の絵を線で結び、自分の生活を表す。教師が "I sometimes clean my room. How about you?" と問いかけ、全体で "I (always/usually/sometimes/never) clean my room." と練習する。シートには子供が自由に描ける空欄を1つ設けておく。

4 単元末の「My Hero」につながる活動を行う

My hero is ○○. He is (my sister). 等のようにヒーロー名と間柄・職業等をメモする。My Hero is をなぞり、間柄や職業（絵）は別紙ワードリストから選んで貼る。リストには空欄を1つ設けておき、子供が言いたいことを表現できるようにしておく。

第3時 できることについて話したり尋ねたりしよう

本時の目標

できることについて、話したり尋ねたりすることができる。

準備する物

・Let's Chant ①のカード
・ワークシート
・ワードリスト（できること）
・振り返りカード

本時の言語活動のポイント

子供によるやり取りでは「困ったときは助け合い～クラスのヒーロー～」と題し、自分ができないことを手伝ってくれたり教えてくれたりする友達を探す活動をする。教室の中を歩きながらペアを作り、“I can't pay the piano. Can you play the piano?” のように互いにインタビューする。単に英語表現の練習にならないように、コミュニケーションの目的を意識させ、互いを理解し尊重し合う姿勢を大切にする。

【「話すこと［発表］」の指導に生かす評価】

◎本時では、記録に残す評価は行わないが、目標に向けて指導を行う。子供の学習状況を記録に残さない活動や時間においても、教師が子供の学習状況を確認する。Unit 4 の学習を生かし、尋ねたり答えたりする活動を通して、日本語との語順の違いに体験的に気付かせる。

本時の展開 ▷▷▷

1 Small Talk をする

家族の写真を見せ、教師や ALT の家族について「できること」を中心にやり取りする。子供たちは Unit 4 で can の表現について学習をしているので “Can you ～?” 等と質問したり、子供のできることについてコメントしたりしてやり取りをし、**3** の活動につなげる。

2 Let's Sing・Let's Chant ①をする

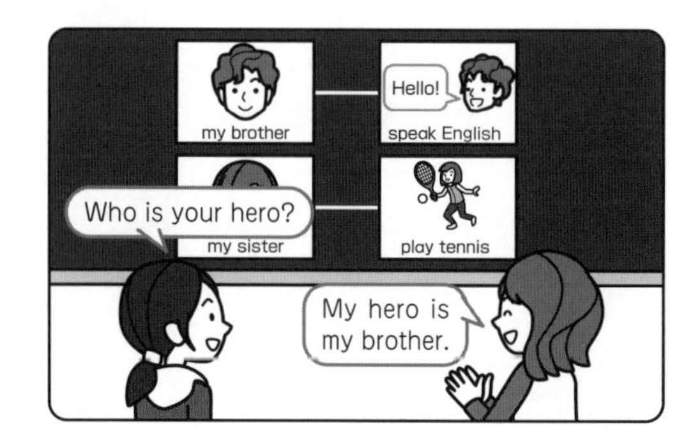

Let's Sing 後、チャンツを聞かせ、内容を確認しながら人物のイラストやその人ができることのカードを貼る。2回目はつぶやきながら内容が合っているかどうかを確認させ、3回目はカードを参考に言うことにチャレンジさせるなど、目的を変えて数回行う。

3 子供によるやり取り：クラスのヒーロー

活動のポイント：活動を通して友達への理解を深めながら、ヒーロー紹介への意識を高める。

3 「クラスのヒーロー」子供同士でやり取りをする

自分ができないことができる友達、ヒーローを探す活動である。表現を確認した後、自分に教えてくれるヒーローを探す項目（自分ができなかったり苦手なこと）に印を付けさせる。友達のできることを予想しながら、ウォーキングインタビューに取り組む。

4 単元末の「My Hero」につながる活動を行う

単元末の言語活動に向けた活動である。自分のヒーローのできることについてメモを作る。He/She can の部分をなぞり、動作はワードリストから選んで切り取り、貼る。リストには子供が自由に描ける空欄を設けておく。その後、Sounds and Letters をする。

第4時 得意なことについて聞いたり話したりしよう

本時の目標

得意なことについて聞いたり言ったりすることができる。

準備する物

・Let's Watch & Think 用カード
・Let's Chant 用カード
・得意なことカード（掲示用・児童用）
・ワークシート
・ワードリスト（得意なこと）
・振り返りカード

本時の言語活動のポイント

本時では be good at ～. の表現を用いて、自分の得意なことを紹介する。Let's Watch & Think やチャンツで表現に出合い、ゲームを通して慣れ親しませる。デスティニー・ゲームで用いる得意なことの表現は、子供たちの身近な生活の中から選ぶ。練習の際は、swimming などの１語のものから始め、２語、３語のものを徐々に練習する。苦手なことを言うときには、not のところで×のジェスチャーをしながら言うと、リズムに合わせて言いやすくなる。

【「聞くこと」の指導に生かす評価】

◎本時では、記録に残す評価は行わないが、目標に向けて指導を行う。子供の学習状況を記録に残さない活動や時間においても、教師が子供の学習状況を確認する。得意なこと表す be good at ～の動詞の ing 形については、活動等を通して体験的に気付かせたい。

本時の展開 ▷▷▷

1 Let's Watch & Think をする

Let's Sing の後に、海外でも有名な２人についての紹介を聞く。「最初にどんなことができるのだろう？」「得意なことは何かな？」と海外での写真等をヒントに考えさせて聞かせる。

2 Let's Chant ①②をする

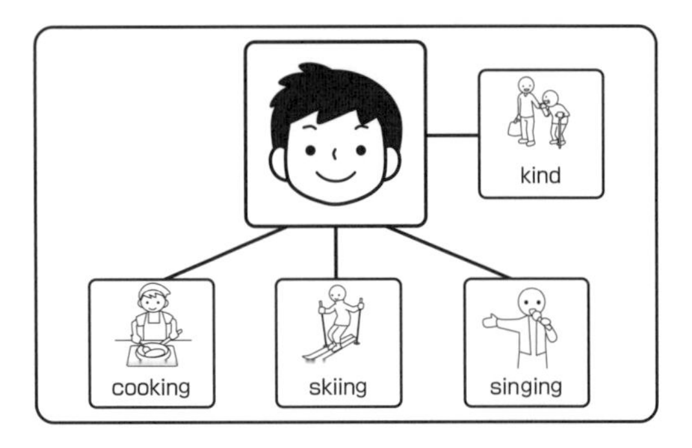

Let's chant ①の後、「次のチャンツはどんな得意なことが出てくるかな？」と興味をもたせ、聞き取った内容のカードを黒板に貼る。順番を確認させたり、カードを見ながら挑戦させたり、目的を変えながら何度も聞かせる中で、動作に ing の音が聞こえることに気付かせたい。

3 「得意なこと」を伝える活動：デスティニー・ゲーム

活動のポイント：尋ねられた内容に対して、自分が得意かどうかを答えることを通して、自己表現につなげる。

3 「得意なこと」を伝え合う

ペアでカードを各自５枚選んで持つ。教師は “Are you good at swimming?” と問う。子供は “Yes, I am. I am good at ～./No, I'm not. ～.” と自分のことを答える。カードを持っている子供は前に出す。カードがなくなったら勝ちとなる。その後、自分のできることをペアで伝え合う。

4 単元末の「My Hero」につながる活動を行う

自分のヒーローの得意なことについてメモを作る。その際、He/She is good at の部分をなぞり、動作はワードリストから選んで切り取り、貼る。リストには空欄を１つ設けておき、子供が言いたいことを表現できるようにする。その後 Sounds and Letters と振り返りをする。

第5時 人柄について聞いたり話したりしよう

本時の目標

人柄について聞いたり話したりすることができる。

準備する物

・人柄を表すカード（掲示用）
・昔話や国語教材等の人物カード（掲示用）
・ワークシート
・ワードリスト（人柄）
・振り返りカード

本時の言語活動のポイント

「校内の先生クイズ」では、教師が校内の先生たちのできることや得意なこと、人柄等を紹介する。子供たちは紹介の内容を聞き取り、どの先生か考える。答えを探すだけでなく、Good Listener に向け、相づちを打ったり、語句をくり返したりして、分かり合うことを楽しませたい。また、Unit 4 で先生紹介の活動をしていれば、内容を付け加えたりして子供たちがヒントを出すことも可能である。

【「聞くこと」「話すこと［発表］」の指導に生かす評価】

◎本時では、記録に残す評価は行わないが、目標に向けて指導を行う。子供の学習状況を記録に残さない活動や時間においても、教師が子供の学習状況を確認する。人柄を表す表現については、子供が知っている人物の特徴を通して体験的に理解させたい。

本時の展開 ▷▷▷

1 人柄を表す表現に出合う

教師と ALT とのやり取りで既習の「できること」「得意なこと」について、子供とやり取りしながら、active や kind などの人柄の表現を導入する。次時の友達を紹介する活動につなぐためにも、内容や話し方のモデルを示す。この後、Let's Chant ①②をする。

2 校内の先生クイズをする①

教師が校内の先生を紹介する。子供たちは紹介を聞いて、どの先生かを考えて当てる。できることや得意なこと、話し手が思う人物像を紹介する。Unit 4 の先生紹介を活用して、子供たちがクイズを出してもよい。

2 人柄について聞いたり言ったりする：校内の先生クイズ①

活動のポイント：この活動で十分に「人柄」の語句を聞いたり言ったりさせ、3 の活動につなぐ。

3 校内の先生クイズをする②

kind や friendly 等、人物についての表現を声に出して練習した後に行う。4、5人が前に出て教師が見せた人物について自分が思う人物像を一斉に言う。他の子供たちは誰が何と言ったかを聞き取る。昔話や国語教材、有名人（子供がヒーローとして選んでいない）の写真を用いる。

4 単元末の「My Hero」につながる活動を行う

自分のヒーローについて、自分が思う人柄のメモを作る。その際、He/She is の部分をなぞり、人柄はワードリストから選んで切り取り、貼る。リストには子供の言いたい気持ちを大切にするため、空欄を1つ設けておく。その後 Sounds and Letters と振り返りをする。

第6時 先生や友達を紹介したり聞いたりしよう

本時の目標

友達について、できることや得意なことを聞いたり話したりすることができる。

準備する物

・Let's Chant ②用のカード
・友達紹介ワークシート
・振り返りカード

本時の言語活動のポイント

3 の「みんながヒーロー」の活動では、「友達の新たな一面を知ろう」等、互いのよさを認め合おうとする雰囲気をつくって臨みたい。ペアでのやり取りから分かった「できること」や「得意なこと」のメモに、自分の知っていることや思いを加えて積極的に伝えようと呼びかけ、他者理解、自己肯定感の高まりにつなげたい。単元末の言語活動に向け、友達のことをより分かってもらえるように、内容や話す順番等を考えさせる。

【「聞くこと」「話すこと［発表］」の指導に生かす評価】
◎本時では、記録に残す評価は行わないが、目標に向けて指導を行う。友達について、できることや得意なことを聞いたり話している様子を観察し、気付いたことをメモしておく。

本時の展開 ▷▷▷

1 Let's Chant ②をする（替え歌チャンツ）

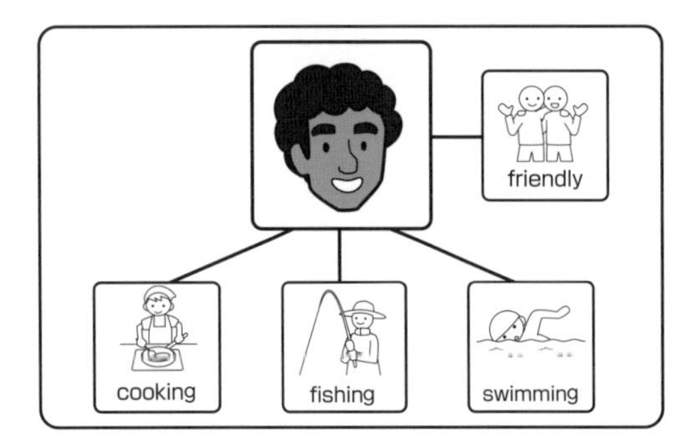

内容、表現に慣れてきた頃なので、速さを変えたり担当するパートを変えたりする等のバリエーションを付けて言ったり聞いたりする。内容をALTや教師の紹介に変えて、カードを参考にしながら行うこともできる。

2 子供同士でペアのやり取りを行う

次の 3 の活動につながる活動である。5時の「友達紹介」とは違うペアで、自分のできることや得意なことを伝え合いメモする。その際、相手の言ったことをくり返して確認したり、相づちをうったりしてコミュニケーションを楽しませる。

3 「みんながヒーロー」ペア・グループでやり取りをする

ペアを変えて、メモした情報をもとに自分の思いも加えて紹介し合う。紹介が終わったら、困ったことを全体で解決したり、内容や話す順番等、友達の紹介を聞いて参考にしたい工夫について共有したりする。その後、グループをつくり、本番の紹介を行う。

4 単元末の「My Hero」につながる活動を行う

これまで作ってきたメモをもとに、ペアでMy Hero紹介をする。初めての紹介なので、流暢に言うことを目標にせず、次時のMy Heroシートづくりの内容を考えることをねらいとする。職業名等、難しい表現や分かりにくい内容がなかったかどうか等をペアで相談する。

第7時 My Heroシートを作ろう

本時の目標

あこがれの人のできることや得意なこと等を自分の思いを込めて話すことができる。

準備する物

・Let's Chant ①②用カード（掲示用）
・ワークシート
・My Hero シート
・振り返りカード

本時の言語活動のポイント

第2～5時で作ってきたメモをもとにMy Hero シートを作成する。第2～5時で作るメモは、大きめの付箋紙など、はがせるタイプのものをワークシートに貼っておくと、本時のシートづくりで構成を変える際に動かしやすい。シートづくりの後、1度ペアで紹介し合い、困りやよりよい紹介に向けた工夫を全体で共有する。その意見を参考に、内容を付け加えたり、話す順番を変えたり、相手に問いかけたりする等の工夫を考えさせる。

【「聞くこと」「話すこと［発表］」の記録に残す評価】

◎自分や自分のあこがれの人のことを知り合うために、あこがれの人のできることや得意なことなどについて聞くとともに、聞き手に配慮して話している／話そうとしている。

・自分のあこがれの人のことを聞いたり紹介したりする様子や、内容や構成、伝え方等を工夫しようとしている様子を3観点で見取り、第8時と合わせて評価の記録を残す。

本時の展開 ▷▷▷

1 Let's chant ①②をする（絵カードをもとにより豊かに）

カードを黒板に貼り、Let's Chant ①②を言う。ペアで役割を決め、リズムに合わせてチャンツにトライさせる。ジェスチャーや表情に留意させ、尋ねるたり答えたりするという意識を高める。

2 My Hero シートを作る

第2～5時に作ったヒーロー紹介のメモを組み合わせたり見直したりして貼り、My Hero シートを完成させる。作ってきたメモがそのまま使えるときには貼り、付け加えるときには新しいメモを教師からもらう。ヒーローの素晴らしさが伝わるように内容や話す順番を考える。

3 子供によるペアでのやり取り後の共有する場面：「My Hero」

活動のポイント ：1回目の紹介後、課題をみんなで考えて解決させたり、よかったことを共有したりする。

3 「My Hero」ペアで練習をする

My Hero シートをもとにヒーローを紹介し合い、ワークシートに分かったことを記入する。ペアで伝え合った後、「困ったことや相手のよかったこと」「ヒーローのすばらしさやあこがれの気持ちがより伝わるにはどんな工夫をするとよいか」を考えさせ、全体で共有する。

4 本時の振り返りをする

これまで出された「思いを伝える工夫」をもとに、教師のヒーローをモデルにして内容を付け加えたり、話す順番を変えたり、問いかけたりする工夫を考える。その後、これまでの学習を生かし、各自の My hero 紹介の内容を再考させる。

第8時 「My Hero」を紹介して、クラスの「Hero Map」を作ろう

本時の目標

あこがれの人のできることや得意なこと等を自分の思いを込めて話すことができる。

準備する物

・My Hero シート
・振り返りカード

本時の言語活動のポイント

「『My Hero』を紹介して、クラスの『Hero Map』を作ろう」と題して、紹介し合う。最後に「Hero Map」をバックにしてタイムカプセルに入れる写真を撮る。「あこがれの人のすばらしさを友達に知ってもらおう。授業後にはどんなあこがれの世界が広がっているかな？」と、相手意識、目的意識もって臨ませる。ペアでの練習後、個々の気付きや課題、よかった点等を全体で共有し、グループで紹介する。

【「聞くこと」「話すこと［発表］」の記録に残す評価】
◎自分や自分のあこがれの人のことをよく知り合うために、あこがれの人のできることや得意なこと等について聞いたり、聞き手に配慮したりしている／しようとしている。（思・判・表）（態）
・自分のあこがれの人のことを聞いたり紹介したりする様子や、内容や構成、伝え方等を工夫しようとしている様子を観察し、第7時と合わせて評価の記録を残す。

本時の展開 ▷▷▷

1 Sounds and Letters ～HRT's Hero～（ペアで練習）

本時のはじめに Sounds and Letters を行い、ジングルを聞かせ、Ww～Zz の名称読みと音読みを確認する。その後、最初はペアで紹介し、困ったことや分からなかったことを全員で共有し、解決して 2 の活動につなぐ。

2 「My Hero」を紹介する

前時の振り返りと個人の目標を確認し、本単元のゴールを意識させ目的意識、相手意識をもって取り組ませる。ペアでの練習後、全体で課題や工夫を共有し、自分の紹介を再考させる。本番は４人グループでヒーロー紹介をし、その後、互いに気付いたことや感想を伝える。

 板書のポイント：子供たちのヒーローを活躍分野ごとに貼る。

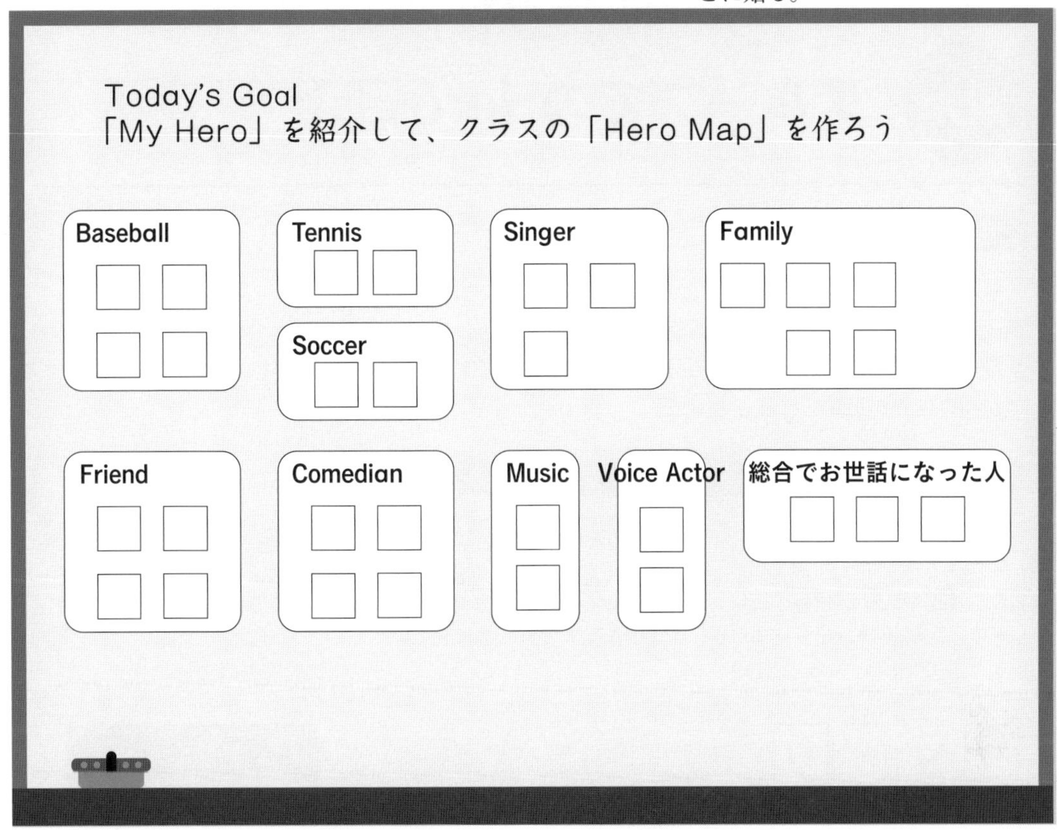

3 「Hero Map」をつくる

子供たちとやり取りをしながら、全員のヒーローを活躍分野ごとに集めて貼り、「スポーツ」等の見出しを付ける。友達のヒーローを聞いた感想を交流しながら、この活動を通して出合えた新しい分野や、未来の選択肢の広がりを感じさせたい。

4 本単元の振り返りをする

記念写真の撮影後、「タイムカプセルを開けたときに、大人になったみんなとこの写真を見るのが楽しみだね」等と伝え、振り返りに移る。本単元を通して自分や友達ができるようになったことを考えさせ、各自の成長を感じさせる。

本単元の Key Activity

グループでのHero紹介

活動の概要

前時までに積み上げてきた「より思いが伝わる工夫」を確認し、ペアで紹介の練習をする。困った点やよかった点を共有した後、グループで紹介し合う。最後に全体でのやり取りを通して全員のシートをヒーローの活躍の分野（「スポーツ」「家族」等）ごとに分けて掲示し、様々なあこがれの世界を視覚的に感じさせる。

活動をスムーズに進めるための3つの手立て

①教師のヒーロー
第7時を受けて、内容・構成の修正や問いかけ等の工夫をしたヒーロー紹介をする。

②思いを伝えるために
前時までに子供たちと一緒に考えてきた「より思いが伝わる工夫」を確認する。

③ Hero Map
子供たちとやり取りをしながら、全員のヒーローを活躍の分野ごとに掲示し、見出しを付ける。

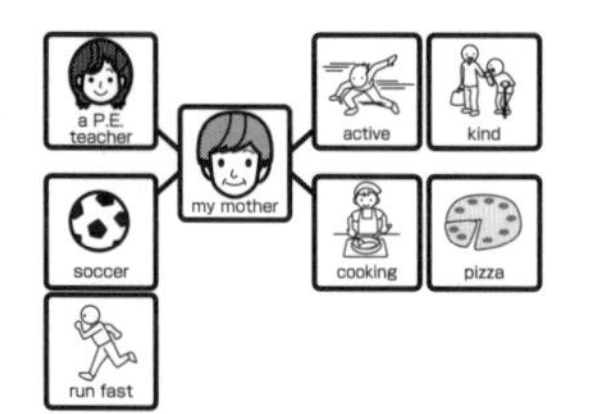

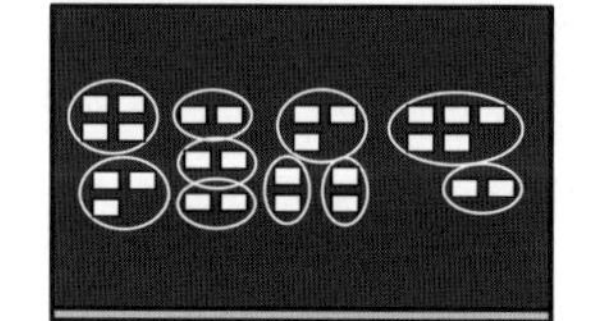

活動前のやり取り例

HRT：Let me introduce my hero again. Do you remember my hero?
C　：Mother.
HRT：Yes. My hero is my mother. She is a P.E. teacher.
　　　She can play soccer very well. She can run fast.
C　：She can run fast!
HRT：And she is good at cooking. She can make pizza. It's delicious.
　　　Can you make pizza?
C　：No, I can't./Yes, I can.
HRT：I can't make pizza. ～

活動前のやり取りのポイント

教師は、内容を付け加えたり、話す順番を変えたり、相手に問いかけたりする等の工夫をした「My Hero」を、聞き手を意識しながら紹介する。子供たちが伝え方を工夫して、自分のヒーローについてより楽しく、より深く友達に自分の思いを伝えようとする意欲を高めたい。

活動のポイント

紹介の前には、「さあ、いよいよ紹介タイム！あこがれの人のすばらしさとあこがれる理由を友達に知ってもらおう。この時間が終わるときにはどんなあこがれの世界が広がっているかな？」と、自分が紹介したり、友達の紹介を聞いたりすることを楽しもうという雰囲気を作って紹介に臨ませたい。

My hero is Asada Mao. She is a skater. She is good at skating. I like skating. Do you like skating?

活動後のやり取り例

HRT：Thank you, everyone. I really enjoyed your presentations.
　　Here are many heroes. Please show your hero. Any volunteers?
C1　：My hero is ○○ .
HRT：Oh, your hero is a baseball player.
　　（他の子供たちに向けて）Is your hero a baseball player?（手を挙げるしぐさ）
　　Please give me your worksheet.
　　（シートを受け取り、同じ分野のヒーローを集めて黒板に掲示する）

＊全員のヒーローを活躍の分野ごとに黒板に貼る。

活動後のやり取りのポイント

やり取りしながら全員のヒーローを活躍分野ごとに黒板に貼る。友達の発表を聞いた感想等を交流しながら、自分が関心をもっていなかった分野との出合いを楽しませ、あこがれの世界・未来の世界の広がりを感じさせたい。また、好きなことや興味・関心をもったことに挑戦し続け夢を実現した様々なヒーローの姿から、夢に向かって努力し続けることの大切さを感じさせたい。

3 Check Your Steps

（2時間）【中心領域】読むこと、話すこと［発表］、書くこと

単元の目標

自分たちの住む日本についてよく理解してもらうために、相手に伝わるようにしたり書いたりできるとともに、自分の発表の参考にするために、「日本のすてき」と書かれたものを読むことができる。

単元計画

これまでの学習内容

◉ **Unit 7 Welcome to Japan.**

Why do you like ～? We have ～. What do you do ～? I usually ～. などを用いて、日本の四季や文化を紹介する。

◉ **Unit 8 Who is your hero?**

Who is your hero? My hero is ～. Why is he/she your hero? He/She is ～. He is good at ～. などを用いて、あこがれの人について発表する。

これまでの学習内容（指導してきたこと）を総括的に評価し、指導改善や学習改善に生かすために、Check Your Steps（2時間扱い）を設定

本単元について

【単元の概要】

既習の語句や表現などを用いて、「日本のすてき」と題しておすすめする日本のもの、こと、人を紹介する単元である。「日本のすてき写真集」（教師作成）から写真を選んだり、伝えたい話の内容やそれを表す英語の言い方を考えたり、伝える内容の順番を考えたり、伝わりやすい話し方を意識したりしながら、既習事項などを使って自分がおすすめしたい日本を紹介ボードの写真を見せながらALTや友達に伝える。単元のはじめにはALTが出身国を「○○のすてき」と題して紹介する姿を見て、自国を大切に思う心を感じ取り、自分たちも日本の国のよさを伝えようと学習への意欲につなげたい。

【本活動で想定される言語材料】

《語彙》

季節、遊び、年中行事、食べ物、性格、頻度、1日の生活、スポーツなど

《表現》

（Unit 7）Why do you like ～? We have ～.
What do you do on ～? I usually ～.
You can ～. It's ～. He/She can ～.

（Unit 8）Who is ～? He/She is ～.
He/She is good at ～.

単元の評価規準

[知識・技能]：Unit 7～8で学習した語句や表現について理解し、それらを用いて日本のことやもの、人などについて話したり書いたりするとともに書かれたものを読んでいる。

[思考・判断・表現]：「日本のすてき」としておすすめする日本のもの、こと、人を紹介するために、相手に伝わるように話したり書いたりするとともに、自分の発表の参考にするために読んでいる。

[主体的に学習に取り組む態度]：「日本のすてき」としておすすめする日本のもの、こと、人を紹介するために、相手に伝わるように話したり書いたりするとともに、自分の発表の参考にするために読もうとしている。

第1時	第2時
（導入・展開）	（まとめ）
HOP：「日本のすてき」紹介に向けた学習の見通しをもち、既習の語句を思い出す ALTの出身国について「○○のすてき」紹介を聞くことを通して、次は自分たちが「日本のすてき」として日本のもの、こと、人について紹介しようと、学習のめあてや見通しをもつ。以前に学んだ語句や表現をいくつかの活動を通して思い出す。 **STEP：「日本のすてき」写真から紹介シートを作り、紹介に使う英語表現を考える** 「日本のすてき」写真集（事前に教師が用意しておく）から自分がおすすめする日本のもの、こと、人について紹介したいと思う写真を2～4枚選び、紹介シートを作るとともに、紹介する内容について考える。紹介する際の工夫を話し合い、おすすめする「日本のすてき」を伝えるためには、自分がよいと思う理由を言ったり、写真のことを詳しく説明したりする等の工夫に気付く。また、紹介に使う英語の語句や表現も考え、準備や練習をする。	**JUMP：「日本のすてき」が相手に伝わるように、紹介シートを使って紹介する** 前時に考えた紹介する内容やその工夫、使う英語の語句や表現についてグループ内で紹介し合い、お互いにアドバイスをする。合わせて、伝わりやすい話し方（①声の大きさや速さに気を付けて話す、②聞き手を見て話す、③写真を指し示しながら話す、④ジェスチャーや表情）についても共有してお互いに評価し合い、自身の学習改善につなげる。 ペアやグループでアドバイスし合ったことを生かして、ALTや友達に対して「日本のすてき」を紹介する。5年生最後の学習では「国際化する社会で自国の魅力を相手にしっかり伝えられるようになろう」と、自身の成長を目標にして活動に取り組む。

【主体的・対話的で深い学びの視点】

自分が考える「日本のすてき」について、紹介する内容や話の順序について、どんな工夫が必要か事前に学級全体で確認する。自分がおすすめする理由を言ったり、写真のことを詳しく説明したり、紹介する順番で最後に一押しのものについて伝えたりするとよいこと等に気付いたら、その視点に沿って内容や順番を考えさせたい。主体的に準備や練習ができるようにペアやグループで紹介し合う活動を取り入れ、子供がお互いのアドバイスを生かして自己調整ができるようにしたい。「日本のすてき」に対する自分自身の気持ちも相手に伝わるような丁寧な紹介となるようにしたい。

【評価のポイント】

第1時のHop・Stepの活動で、これまでに学習した語句や表現について定着しているかどうかを観察する。第2時のJumpでは、話の内容や伝える順番を友達の助言を聞きながら再度考えたり、伝わりやすい話し方を意識したりして、紹介したいことが相手に伝わるように活動できているか、その様子を見取る。学年最後の単元として、子供には既習の学びを生かして、国際化した社会で生きる将来の自分自身の姿を目標としながら、日本のよさを紹介することに意欲をもたせたい。子供の主体的な活動の様子の見取りも丁寧に行い、記録に残す評価とする。

第1時 「日本のすてき」の内容や、その紹介の仕方を考えよう

本時の目標

「日本のすてき」で日本を紹介するために、話したり書いたりし、それを読むことができる。

準備する物

- 教師用デジタルブック
- Picture Dictionary
- ALT デモ用紹介シート
- 「日本のすてき」写真集（担任作）
- 紹介シート台紙
- 振り返りカード

本時の言語活動のポイント

「日本のすてき」を紹介するが、本時では「日本のすてき」写真集から自分が紹介したいものを2～4枚選ばせる。それを紹介シートの台紙に貼ったり、タイトルを四線シートに書いて貼ったりし、紹介シートを作る。紹介する内容を考える際には、日本のよさを伝えるために、自分がよいと思う理由を言ったり、写真のことを説明したり、紹介する順番を工夫したりすればよいことに気付かせたい。どんな英語表現を使うか、ペアで相談したりPDやUnit 7～8の成果物等を読んだりして考えさせたい。

【「読むこと」「話すこと［発表］」「書くこと」の指導に生かす評価】

◎これまでに学習した語句や表現について理解しているとともに、それらを用いて日本のものや人について、話したり書いたり読んだりしている様子を観察し、気付いたことをメモしておく。

本時の展開 ▷▷▷

1 単元のめあてを知り、Unit 7～8で学習した内容を振り返る

ALT が出身国について紹介する話を聞き、今度は自分たちが「日本のすてき」を紹介しようと、単元のめあてを知る。Unit 4～6の既習表現をチャンツや歌で確認したり、成果物を読んで確かめたり、ALT が使った表現を想起したりして、紹介で使う英語表現を考える。

2 「日本のすてき」写真集から写真を選び、紹介シートを作る

「日本のすてき」写真集から、自分が紹介したいものを2～4枚選び、紹介シートを作る。紹介する内容を考える際に、「日本のすてき」が聞いている人に伝わるような工夫はないか考える。おすすめする理由や写真の説明を入れたり、紹介する順番を工夫したりする。

1 学習した内容を振り返る

活動のポイント：紹介する内容やその順番を考える際に、自分がよいと思う理由や、写真の説明、紹介する順番を工夫するとよいことに気付かせる。

ALT の「○○のすてき」紹介シート

ウルル、カンガルー、グレートバリアリーフの写真

・ALT が母国のことを紹介シートで紹介する。ALT は母国への思いを込めて紹介した後、“Can You show me about your country, Japan? Please, show me it.” と日本のことを紹介してほしいと伝える。

・Unit7 ～ 8 のチャンツや歌で学習した表現を思い出したり、ALT が紹介に使った英語表現を例示したりして英語表現を考える際の参考にさせる。

・写真の紹介	This is ～. He/She is ～.
・できること	We can ～.
・好き	I like ～.
・あるもの	We have ～.

ALT のデモンストレーション

3 紹介シートを使ってどんな英語で伝えるか考え、ペアで発表し合う

これまでの学習で学んだ表現等をもとにして伝えたい内容をどんな英語で紹介するかを考え、ペアで発表し合う。その後、発表した内容をこれまで書きためてきたものを参考に紹介シートに書いて、ペアで読み合う。

4 本時の振り返りをし、次時の活動に見通しをもつ

「『ふるさと自慢』の内容や紹介の仕方を考えることができたかな」と、本時のめあてが達成できたかを振り返る。ペアやグループでアドバイスし合ったことを参考にして、次時は ALT に対して（または全員の前で）自分がおすすめする「日本のすてき」を紹介することを知る。

第2時 「日本のすてき」でおすすめする日本のことやもの、人について紹介しよう

本時の目標

「日本のすてき」で日本を紹介するために、話したり書いたりし、それを読むことができる。

準備する物

- 録画用タブレット端末等
- 紹介ボード
- 態度や話し方の4つのポイント（掲示用）
- 振り返りカード

本時の言語活動のポイント

前時に考えた「日本のすてき」の内容や英語での言い方を、再度グループで紹介し合いアドバイスし合う。その際、紹介する内容やその順番の工夫、伝わりやすい話し方も意識する。お互いのアドバイスを参考にして、自身の紹介について自己調整し、よりよい発表にしようと意識させたい。5年生最後の単元として、今まで学習したことを用いて全員の前で発表するが、国際化する社会で自分の国、日本のことを相手にしっかり伝えることはとても大切なことだと意識させ、主体的に取り組ませたい。

【「読むこと」「話すこと［発表］」「書くこと」の記録に残す評価】

◎「日本のすてき」を紹介するために、既習表現等を用いて、話す内容やその順番を考えたり伝わりやすい話し方を意識したりして、相手に伝わるように話したり読んだり書いたりしている様子を3観点で評価する（観察評価・振り返りカード等記述の評価）。

本時の展開 ▷▷▷

1 「日本のすてき」をペアで紹介しアドバイスし合う

前時に考えた「日本のすてき」の内容や英語での言い方を用いて、再度ペアで紹介し合う。紹介を聞く人におすすめする日本のことが伝わるように、話す内容とその順番、使う表現や伝わりやすい話し方について、お互いにアドバイスし合う。

2 グループで紹介の順番や挨拶の仕方を考え、練習する

5人程度のグループで、友達からのアドバイスを生かして1人ずつ発表する。①話す内容やその順番が分かりやすいか、②学んだ表現を使えているか、③伝わりやすい話し方かの3観点でお互いに評価し合い、グループの中から1人を代表として推薦する。

Check Your Steps 3 板書のポイント：紹介の手順を明示する

○全体発表する人をグループから１人ずつ推薦する

【内容と順序】
おすすめしたいことが伝わるかな

【英語】
学んだ英語が使えているかな

【伝わりやすい話し方】
1 声の大きさや速さ
2 聞き手を見る目線
3 写真を指す
4 ジェスチャーや表情

○紹介シート

Japanese dress

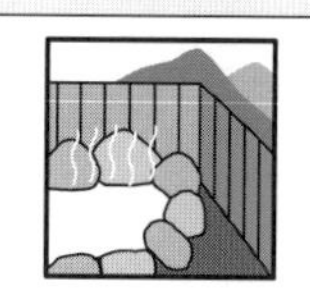
roten-buro

○発表例

Hello. My name is Yuko. I'm from Japan.
This is *Kimono*. It's a Japanese dress. I like *Kimono*. It's beautiful.
Do you like *Kumamon*? I like *Kumamon*. He is No.1 *Yuru*-chara in Japan.
He can jump high. He can run fast. He is very famous.
We have hot springs in Japan. I like *roten-buro*. It's a bath in the outside.
I sometimes go to a *roten-buro* with my family. It's exciting.
Please come to Japan. Thank you.

3 「日本のすてき」を全体に紹介する

グループから推薦された子供が全体の前で「日本のすてき」を紹介する。紹介する前にグループでのリハーサルタイムを設ける。グループ内からのアドバイスを受けて全体発表の前に自己調整させ、グループの代表として全体の前で紹介する意識をもたせる。

4 発表内容を読んだり書いたりする

グループ代表による全体発表について、「日本のすてき」が伝わったか、聞き手としてどんな感想をもったかを交流する。交流を生かしてよりよく相手に伝えるため、前時の紹介シートに書いた文を入れ替えて書き加え、グループで読み合う。

巻末付録

各 Unit に関連してできる活動を紹介しています。Unit 内のどの時間に組み込むとより効果的か提案していますが、かならずしも授業中だけでなく、朝の時間などに行えるような短時間でできる活動を集めました。「基本型」に慣れたら「発展型」にもチャレンジしてみてください。

基本型 Who am I?クイズ(教師→子供)

活動の進め方

教師は、子供たちがよく知っている先生にあらかじめインタビューを行い、その先生の好きなもの・ことを調べておく。そして、その情報をもとに Who am I? クイズを行う（第 2 時）。教師はその先生になりきり、“Who am I? Hint 1：I like soccer. Hint 2：I like cheese. Hint 3：I like fishing.” のように伝え、答えをローマ字で書かせる。答え合わせの際は、子供たちが、“How do you spell your name?” と教師に尋ね、教師は “K-A-Z-U, KAZU.” と、名前の綴りと名前を伝える。

活動を効果的に行うためのポイント

①事前準備
子供たちがよく知っている先生に、好きなもの・ことについて情報収集をする。その先生ならではの好きなもの・こと、例えば「バスケットボールが得意」「釣りが好き」「ピザが好き」というようなことを聞き出しておく。

②クイズの進め方
Who am I? クイズを進める際は、教師から一方的に “Hint 1 ～”“Hint 2 ～” とヒントを与えるのではなく、子供たちに “Hint, please!” と言わせる状況をつくり、子供と教師がやり取りをしながら進めていく。

③答え合わせ
答え合わせの際は、すぐに教師が答えを伝えるのではなく、

C：How do you spell your name?
T：K-U-Z-U, KAZU.

のようにやり取りをしながら進めていく。

Unit 1で使える発展型の活動

Who am I? クイズ(子供↔子供)

活動の進め方

まずは、カードに自分の名前と好きなもの・こと（スポーツ、食べ物、TV 番組など）を自由に書かせる。教師は、そのカードを回収し、子供たちにランダムに配布する。子供たちは自分が受け取ったカードの情報をもとにペアで Who am I? クイズを行う。その際、C１：What sport do you like? C２：I like tennis. のようにやり取りをしながら進めていく。答えを予想し、名前をローマ字で書き、“Answer please. How do you spell your name?” と答え合わせをする。

1 自分の好きなもの・ことを書く（準備）

T　：Please write your name.
　　日本語でいいので、自分が好きなもの・ことを書きましょう。
C　：(色、スポーツ、食べ物など自由に書く)

2 Who am I? クイズをする

C１：Hello.　　C２：Hello!
C１：What color do you like?
C２：I like red.
C１：What food do you like?
C２：I like *sushi*.
C１：What sport do you like?
C２：I like table tennis.　　C１：OK!（名前を大文字で書く）

3 答え合わせをする

C１：Answer please. How do you spell your name?
C２：M–I–N–A–M–I, MINAMI.
(C１とC２が同時に言ってもよい)

4 役割を変えて行う

C２：Hello.
C１：Hello!
C２：What food do you like?
C１：I like pizza.
C２：What Character do you like?
C１：I like Doraemon.
C２：OK!（名前を書く）

活動を効果的に行うためのポイント

まずは、教師と子供たちで Who am I? クイズを行い、活動のモデルを示す。子供たちに “What color do you like?” と尋ねられたら、教師は手持ちのカードの情報から “I like red.” と答える。しかし、手持ちのカードに色に関する情報がない場合は、“Sorry.” と答え、次の質問をさせるとよい。

Unit 2 で行う基本型の活動

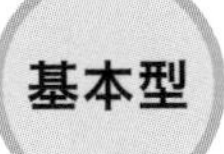

基本型 ポインティング・ゲーム

活動の進め方

Picture Dictionary（p.14、15）に掲載されている「月と日付」のイラストを用いて、第２時にポインティング・ゲームを行う。子供たちが、“When is your birthday?” と教師に尋ねる。教師は “My birthday is March third.” と答える。教師が “March” と月を答えた際は左手の指で、“third” と日付を答えた際は右手の指で指す。教師は子供の様子を見取りながら、月と日付を言う間を空けて言うようにする。同じように学級の友達について、同じように順に尋ねる。

活動を効果的に行うためのポイント

①月と日の確認
英語で12の月を言うことや、31の日付を言うことはとても難しいことである。そこで、ポインティング・ゲームの前には、絵カード等を活用して、前時の学びを想起させる。

②教師と子供、子供と子供
まずは、子供が教師に“When is your birthday？” と尋ねる。次に、教師が１人の子に “When is your birthday？” と尋ねる。３回目以降は、全員で１人の子に尋ねるという流れで行う。

③評価場面として
“When is your birthday?” と尋ねられて、自分の誕生日を答えられるか。また、友達の誕生日を聞き取って、正しく指せるかを見取り、指導に生かす評価場面にする。

発展型 What's your favorite present?

活動の進め方

第４学年で Let's Try 2 （Unit 8 ）This is my favorite place. で学んだ favorite を用いて行う。事前に、これまでもらったプレゼントの中で、お気に入りのものを決めておくように伝える。そのお気に入りのプレゼントについて、紹介し合う活動である。実際にもらったプレゼントを紹介するので、より思いの込もったやり取りになるであろう。

1 教師（T 1 ）と ALT（T 2 ）

T 1 ：What's your favorite present?
T 2 ：My favorite present is electric toothbrush.
T 1 ：Electric toothbrush ? Wow! What color?
T 2 ：It's white.
T 1 ：Birthday present? Christmas present?
T 2 ：Birthday present.
T 1 ：What do you want for Christmas?
T 2 ：Christmas present? I want a guitar.
T 1 ：Oh, guitar! Do you like music?
T 2 ：Yes, I do. I like music. Do you like music ?
T 1 ：Yes, I do. I like music, too.

2 全体交流（自由に歩き回って）

C 1 ：What's your favorite present?
C 2 ：My favorite present is a bike.
C 1 ：Oh, bike! Good! What color?
C 2 ：It's blue.
C 1 ：Birthday present? Christmas present?
C 2 ：Birthday present.
C 1 ：What do you want for Christmas?
C 2 ：I want a game soft.
C 1 ：What game?
C 2 ：I want a "*Taiko-no-Tatsujin*".
C 1 ：Me, too.

活動を効果的に行うためのポイント

本活動では、これまでもらったことのあるプレゼントの中で、お気に入りのプレゼントを紹介し合うため、本単元に設定していない新たな表現 Q：What's your favorite present? A：My favorite present is ～. を用いて行う。子供の状況に応じて、練習する場面を設定してもよいだろう。聞き手の Good! や Wow! のような反応を大切にしながら行うことで、気持ちよく紹介することができる。

Unit 3 で行う基本型の活動

時間割を完成させよう！(リップリーディング)

活動の進め方

月曜日の時間割について、子供たちが “What do you have on Mondays?” と教師に尋ねる。教師は声には出さずに口パクで答える。子供たちは、教師の口の動きを見て教科名を考え、絵カードを並べ、時間割を完成させる。必要に応じて数回くり返すが、それでも分からない場合は、“First sound, please.” と尋ねさせ、最初の音のみ声に出して答える。

活動を効果的に行うためのポイント

①教科名の確認
提示用絵カードを用いて、教科名を１つずつ確認したり、ポインティング・ゲームを行ったりするなど、教科名に十分に慣れ親しませた後に行う。

②意図的にくり返す
calligraphy や moral education のように、子供たちにとって、難しい教科名等については、時間割の中に２回入れ、くり返し慣れ親しませる。

③真似をさせる
教師の口の動きを見て、教科名を当てる際に、自然と口の動きを真似する子供がいる。そのことを称賛すると、全員が教師の口の動きを真似するようになる。

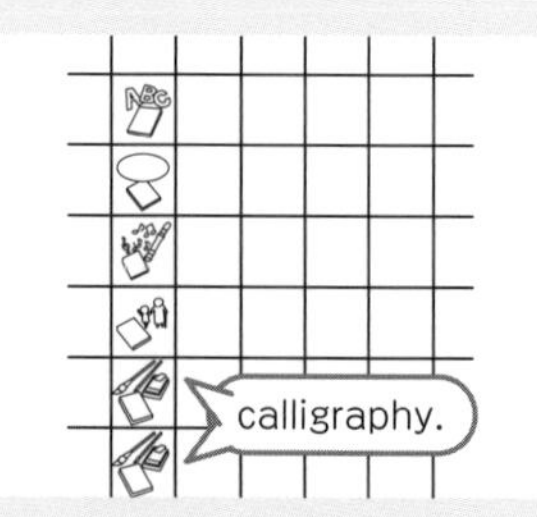

夢を叶える学校を作ろう

活動の進め方

まずは、自分が就きたい職業に近づく「1日の時間割」を伝え合うインタビュー活動を行う。その中で、自分の夢と近いパートナーを見付ける。そして、そのパートナーと夢を叶える学校を作るという設定で、各々の考えた時間割を持ち寄って、1週間の時間割を考えさせる。そして、Show & Tell で「どのような職業を目指す学校なのか」と「夢に近づくための時間割」を伝える。

1 Small Talk “What do you have on Mondays?”

T　: What do you have on Mondays?
C　: I have P.E, English, …and P.E.
T　: Oh, I see. You have P,E, English. So, what do you want to be?
C　: I want to be a dancer.　　T : Oh, nice dream!

2 夢に近づく学校を作るパートナーを見付ける

C1 : What do you want to be?　　C2 : I want to be a dancer.
C1 : Really? Me, too. What do you have on Mondays?
C2 : I have P.E., English. What do you have on Tuesdays?
C1 : Oh, I see. I have P.E., home economics, …and science.
C2 : That’s nice. Let’s make a dance school together.

3 夢に近づく学校とその時間割を考える

C1 : Let’s make a dance school.
　　What do you want to study?
C2 : I want to study P.E.
C3 : Oh, I see, and I want to study home economics, too.
　　I want to make a powerful body.
C4 : Oh, that’s nice!

4 夢に近づく学校の Show & Tell を行う

C1 : We make a dance school.
C2 : We have P.E, English, …and P.E on Mondays.
C3 : We have P.E., home economics, …and science on Fridays.
C4 : We can dance everyday, and we can make a powerful body.

(4人で交代し、1人1日以上の時間割を発表)

活動を効果的に行うためのポイント

月曜日から金曜日までの時間割をグループで行うので、グループの人数は最大5人までとし、最低でも1人1日分の時間割を発表していく。パートナーが見付からない場合は、1人で学校を作ってもよいこととする。

基本型 ステレオ・ゲーム

活動の進め方

中学年で慣れ親しんだ活動である。第３時では、ステレオ・ゲームの出題者を３人とし、クラスの同じ友達のことについて、C１：He can play soccer.　C２：He can cook well.　C３：He can skate. と同時に言う。その他の聞いている子供たちはそれを聞き取り、クラスの誰のことかを当てる。答えが分かったら、名前を大文字で書かせる。答え合わせでは、主題者が、“How do spell?” と尋ね、“K-A-Z-U, KAZU.” と答えるというように、やり取りをさせながら行う

活動を効果的に行うためのポイント

①活動をするタイミング
ステレオゲームは、Let's Try 2（教科書 p.40）の、Can you ～? を用いて友達にインタビューをした活動の後に行う。そうすることで、インタビューをして分かった情報をもとに、答えとなる人物を考えることができる。

②くり返し聞く
３名が一斉にワンセンテンスを言うと、なかなか聞き取れない。そこで、“One more time please.” や、“Slowly please.” とお願いし、何度もくり返し聞くようにする。出題者側も、ゆっくりはっきりと伝えることを大切にする。

③出題者側の工夫
３名が一斉に言う際に、まずは、解答者に背を向け、大きな声で言う。すると、解答者に口の動きが見えないため、音声にのみに集中させることができる。それを数回くり返した後、解答者側を向いて言うとよい。

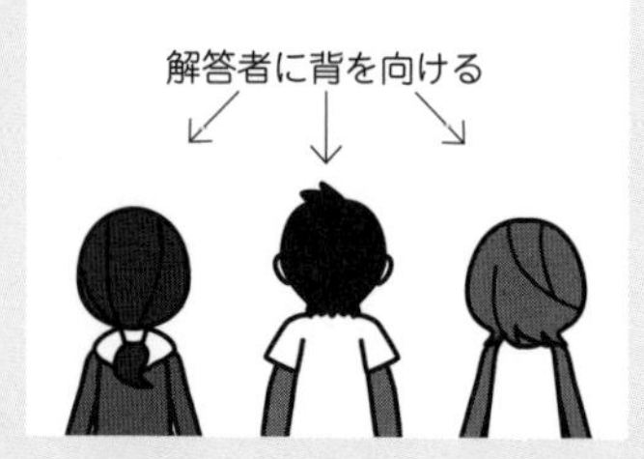

Unit 4 で使える発展型の活動

絵本にぴったりの台詞を考えよう

活動の進め方

文部科学省配布の「Hi, friends! Plus」に収録されている絵本『This is Me!』を活用する。この絵本は、主人公がいろいろな友達から “Can you ～?” と尋ねられ、全て “No, I can't” と答え、どんどん悲しくなっていく。しかし、田中先生のたくさんの荷物を持つ手伝いができることに気付き、特別なことでなくても自分にできるいろいろなことに気付いていく内容である。子供たちに、絵本を音声なしで見せ、その内容を推測させ、ぴったりな台詞を考えさせる。

1 『This is Me!』を「音声なし」で見る

T　: Please Guess. What story is this picture books?
(教師は絵本を子供の反応を見ながら、１スライドずつ見せていく)

2 内容を推測する

T　: What story is this?
C　: 最初は「何もできない」と思っていたけど、「人を助けることはできる」と自信をもてるようになった話でした。
T　: Good!

3 台詞を考える

T　: どんな台詞がぴったりかな？
C　: Can you play *Kendama*?　No, I can't.
Can you play baseball?　No, I can't.
Can you play soccer?　No, I can't.

4 『This is Me!』を「音声あり」で視聴する

C１: あっ、I want to ～. も使われているよ！
C２: なるほど！それもぴったりな台詞だね。
C３: You are very nice! っていいね。言われたらうれしいね。
C４: I can help my friends. じゃなくて、I can help other. だったね。どういうことかな？
C５: 友達に限らず、「みんなを」ってことじゃない？

活動を効果的に行うためのポイント

「Hi, friends! Plus」の絵本『This is Me!』デジタル教材では、絵本画面の吹き出しに英文が入っている。イラストとともに、英文を見て絵本の内容を推測する手がかりとなると考えられる。しかし、学級の実態に応じて、イラストのみから絵本にぴったりな台詞を考えさせるほうが効果的な場合は、絵本を印刷し、吹き出しの英文を消して紙媒体で活用するとよい。

Unit 5 で行う基本型の活動

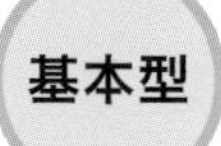

じゃんけんレース

活動の進め方

この活動は、第3時にペアで行う。ペアで1枚の地図とそれぞれの消しゴムを用意する。まずは、それぞれの目的地を決める。そして、お互い目的地から同じ距離の場所をスタート位置にし、消しゴムを置く。そして、じゃんけんを行い、勝ったほうが相手に英語で指示を行う。負けたほうは、相手の指示通りに、相手の消しゴムを動かす。そのやり取りを行い、自分の目的地まで先にたどり着いたほうが勝ちである。

活動を効果的に行うためのポイント

①地図の工夫
使用する地図は、教科書p.46、47の地図でもよいが、本活動では、碁盤目状の町並みのイラスト地図が子供たちにとって分かりやすいであろう。

②活動人数
本活動では、子供が楽しみながら、表現を聞いたり、話したりすることが大切なので、学級に合わせて、ペアで行うのではなく、2人対2人の活動にしてもよい。

③指示のルール
道案内の指示の出し方の工夫も重要になる。しかし、1回で2つの指示を出すとすぐに目的地にたどり着いてしまうこともあるので、指示は1回につき1指示のみとする。

看板を完成させよう！

活動の進め方

本活動では、道案内の指示を正しく理解することとと、文字学習を同時に行う。建物のイラストは描かれているが看板の文字が虫食いになっている地図（□ ost □ ffice のような看板）を紹介する。そして、スタート地点を統一し、教師の道案内の指示通りに進んでいく。教師が、“You can see it on your left.” と言ったら、その建物のイラストを見て、虫食いになっている看板の文字を考えて書く。書き終わったら指追いで読む。これをくり返し、全ての看板を完成させる。

1 教師の指示通りに進む

T　：Let's go!
　　Go straight for three blocks.
　　Turn left.
　　You can see it on your right.
　　What's this?
C　：post office.

2 穴あきの部分に文字を入れる

（□ ost □ ffice のペア穴あきに入る文字を考える）
C 1 ：ポストだから、p かな？
C 2 ：オフィスは、o だったような気がするよ。
C 1 ：じゃあ、“post office” になるね。
（本時では小文字で統一して書くこととする）

3 看板を確認する

T　：How do spell post office?
C　：p–o–s–t o–f–f–i–c–e, “post office”
T　：That's right!

活動を効果的に行うためのポイント

この活動では、表現に慣れ親しみながら、文字と音の認識を深める活動を行う。子供の興味を高めるために、地図上には、教科書にある建物以外にも、地域で有名な建物を入れてもよいだろう。今回は、「教師」対「子供全体」の形態で紹介したが、学級の実態に合わせて、子供同士の活動としてもよい。また、地図をもらった時点で、虫食いの文字が分かる子供もいると予測できる場合は、建物を付箋紙で伏せておき、たどり着いたら付箋紙を取るとよいだろう。

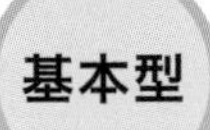

基本型 ラッキーカード・ゲーム

活動の進め方

第4時において、4名のグループとし、3名が質問し1名が答える役となる活動である。メニューの絵カード（裏面は値段）を並べ、質問役が“What would you like?”と尋ねる。答える役は“I'd like a hamburger.”と言い、そのカードを裏返す。質問役は“How much is it?”と尋ね、答える役はカード裏の値段を英語で言えたらカードがもらえる。この活動を順番に回していく。机上のカードがなくなったら、教師のもとへ行き、教師が示した1枚のカードを持っている子供が勝ちとなる。

活動を効果的に行うためのポイント

①グループ編成
この活動は、値段の言い方に慣れ親しむことを目的としている。そのため、人数を3〜4人程度にし、何度も値段を表現する機会がもてるようにする。値段を英語で言えない場合は、教え合うこともよい。

②意図的な配慮
教師がラッキーカードを選ぶ際に、意図的に選ぶこともできる。そのため、意欲を高めたい子供を勝たせるという配慮もできる。机間指導をしながら、子供のカードに注目しておくとよい。

③中間指導
時間内に、何度もラッキーカード・ゲームをしたいために、早く終えようとする場合がある。そうならないように、中間指導を行い、子供のよさを確認していくことで、活動の質を高めていくようにする。

マッチング・ゲーム（どの文字カードかな？）

活動の進め方

店員役とお客役のペアで行う。お客役の机上にはイラストのみのメニューがある。店員役がお客役に“What would you like?” と尋ねる。お客役は、“I'd like ～.” と２～３品注文する。店員役は、その食べ物を教師のもとへ取りにいく。教師の机には、食べ物が四線に書かれた文字カードがある。その中から、お客役が注文した食べ物の文字カードを選んで持って行く。イラストと文字が一致したら合格という活動である。本単元で学習した表現のやり取りに加えて、文字を読む活動を取り入れる。

1　注文のやり取り

C１：What would you like?
C２：I'd like pizza, a salada and a parfait, please.
C１：OK. Pizza,a salada and a parfait.

2　料理人（教師）のもとへ料理を取りに行く

T　：Please choose.
C１：Pizza だがら、P…これかな？ Salada は、S だから、これかな。Parfait も P だ！これかな？

3　マッチングを行う

C１：Here you are.　　C２：Thank you.
T　：Let's check the matching.
(Picture Dictionary を見て確認させる。ペアで役割交換をする）

4　振り返り

T　：困ったことや気付いたことはないかな？
C１：文字だけで読むと、似ているものが多くて難しかった。
C２：Pizza、Pasta、Potato、Parfait と P だけでもいろいろあった。
C３：始まりの音は同じだけど、最後が違うよ。
C４：だけど、だいたいのものは、始まりの音に注目すると、区別できたね。
C５：文字が読めると、海外のレストランでも困らないね。

活動を効果的に行うためのポイント

今回の活動を行う前に、レストランでのメニューが実際にどのようになっているのかを考えさせるとよい。日本では写真が掲載されているメニューもあるが、多くは文字のみである。また、海外のレストランのメニューを提示できると効果的である。実際に英語で書かれたメニューから、読み取れる情報がないかなどを体験させることも本活動への意欲を高める方法である。

Unit 7 で行う基本型の活動

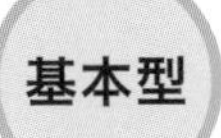

世界で通じる日本語ってどれだろう？

活動の進め方

この活動は、教科書 p.72の、「世界に広がる日本文化について考えよう」の学びを広げたものである（第７時）。日本が世界に誇る文化はとても多い。食に関する面では「寿司、刺身、天ぷら」等、スポーツ面では「相撲、空手、柔道」など、娯楽面では「漫画、カラオケ、将棋」などがある。それらを “What's this?” と提示し、「英語ではどう言ったら伝わるかな？」と考えさせる。その後、提示した全ての日本語が国際的に使われていることについて学び、日本語に誇りをもたせる。

活動を効果的に行うためのポイント

①提示の工夫
“What Japanese food do you like?” のようにやり取りをし、子供から出た言葉を日本語で書いていく。また、“I like *tempura*. Do you like *tempura*？” と教師側から提示してもよい。

②発問の工夫
黒板に提示された絵カードについて、「たこ焼きって、外国の人にどう言ったら伝わるかな？」と発問し、考えさせる。その後に、それらが全てそのままの言葉で海外でも伝わることを知らせる。

③扱いたい日本語の例
「寿司・刺身・天ぷら・しゃぶしゃぶ・とんかつ・たこ焼き・そば・俳句・短歌・将棋・折り紙・布団・障子・畳・着物・カラオケ・漫画・相撲・空手・剣道・柔道・合気道」など。

Unit 7で使える発展型の活動

世界に誇る日本の自慢集めをしよう！

活動の進め方

左記の「基本型の活動」と連動した活動である。「世界に誇る日本語の自慢集めをしよう」と題して、国際的に使われている日本語カード（イラストと文字）を作成する活動である。子供の実態に応じて、作品づくりを１人で行ったり、グループで行ったりする。その他の教科等と横断型にし、インターネットで調べ学習をすることも考えられる。「４年生に見せるために作成する」「授業参観で保護者にクイズを出すために作成する」などの目的を設定して行う。

1　文字を英語にし、発音を聞く

C１：「相撲」は「sumou」かな？
T　：Very close!
C１：How do you spell？
T　：s–u–m–o, "*sumo*".
C１：へぇ～！

C２：「納豆」は「nattou」だよね？
T　：So close!
C２：How do you spell？
T　：n–a–t–t–o, "*natto*".
C２：なるほど。

C３：「空手」は「karate」？
T　：That's right! "*karate*"
C３：karate? 言い方が違うね！

2　カードを完成させ、ポスターを作成する

〈参考になる語句〉
すき焼き *sukiyaki*　照り焼き *teriyaki*　焼き鳥 *yakitori*
ラーメン *ramen*　豚骨 *tonkotsu*　うどん *udon*
つけ麺 *tukemen*　豆腐 *tofu*　大根 *daikon*　弁当 *bento*
こんにゃく *konnyaku*　将棋 *shogi*　マンガ *manga*　草履 *zori*
おまかせ *omakase*　万歳 *banzai*　もったいない *mottainai*

活動を効果的に行うためのポイント

日本語の文字を英語の文字にし、その発音を聞くことで、日本語と英語の発音を比較することができる。そして、日本語と違い、英語にはアクセントがあることに気付いていくであろう。本活動は、文化と文字の学習を組み合わせたものである。単元を通して帯活動で行うことも考えられる。

Unit 8 で行う基本型の活動

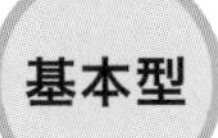

ヒーロープレゼン大会をしよう！

活動の進め方

学級全員でヒーローを１人決める。そのヒーローについて、各グループが紹介する「プレゼン大会」を行う（第６時）。ヒーローは、学級全員がよく知っている担任教師や関わっている先生、あるいは、アニメのキャラクターでもよい。各グループで、既習の表現を想起し、He can ～. He is good at ～. He always ～. 等を用いて、紹介する内容を考える。必要に応じて、そのヒーローにインタビューをして情報収集をしてもよい。

活動を効果的に行うためのポイント

①モデルを示さない
ヒーロー紹介のモデルを教師が示すことで、子供たちは、活動の見通しがもてる。しかし、本活動では、あえて、モデルは示さずに、既習の表現をグループで話し合いながら想起させることを大切にしたい。

② Starting Out の活用
グループで紹介する内容が決まった時点で、Starting Out を視聴させ、参考になる内容はないかを考えさせる。視聴後は、自分たちのプレゼンをよりよい内容にできないかを話し合う。

③相手意識をもたせる
プレゼン大会では、話し手の立場での相手意識、聞き手の立場での相手意識を大切にさせる。互いに相手意識をもつことで、活動の質が高まることを、体験活動を通して、実感させたい。

紹介動画を作ろう！（5年のまとめ）

活動の進め方

第5学年最後の単元である。これまで学んだ語句や表現を用いた自己紹介や、自分のヒーローを紹介する動画（1人1分程度）を作成する。子供たちが紹介するヒーローは、あこがれの有名人や先輩、先生や友達が多いと考えられるが、家族についても紹介させたい。学級の状況に応じて、その動画を授業参観で保護者に見てもらったり、5年生への期待をもたせたりするために、4年生に見てもらってもよい。

1 自己紹介を考える

C ：My name is ～.
My birthday is ～.
I like ～.
I'm good at ～. I want to be a ～.

2 いろいろなヒーローを考える

C ：My hero is Takayuki.
He can speak English well.
He is good at math.

My hero is my mother.
She is good at cooking.
It's very delicious.
She is very kind.

3 グループで発表→動画撮影会

C ：My name is ～
My birthday is ～.
I like ～.
I'm good at ～.
I want to be a ～.
My hero is ～.
He can speak English well.
He is good at studying.
My hero is my mother.
She is good at cooking.
It's very delicious.
She is very kind.

活動を効果的に行うためのポイント

グループ発表会では、一方的に伝えて終わるような会ではなく、挨拶や一言感想を入れるようにする。第5学年最後の活動である。自分の思いを込めた内容にするために、相手意識を明確にし、既習の表現を想起させたり、互いに教え合ったりすることを大切にする。

編著者・執筆者一覧

[編著者]
直山　木綿子
文部科学省初等中等教育局視学官

京都府出身。京都市立中学校で勤務後、京都市総合教育センターカリキュラム開発支援センター指導主事、同指導室指導主事、京都市教育委員会学校指導課指導主事、文部科学省教育課程課教科調査官を経て、平成31年４月より現職。主な著書に『小学校外国語活動　イラストで見る　全単元・全時間の授業のすべて［５年・６年、全２巻]』(東洋館出版社)、『外国語活動の授業づくり』(文溪堂)、『なぜ、いま小学校で外国語を学ぶのか』(小学館)、『小学校外国語活動モデル事例集』(教育開発研究所）など多数。現場時代の経験を踏まえた講演・授業が全国の小学校で人気を博し、大きな反響を呼んでいる。

[執筆者] ＊執筆順。所属は令和３年２月現在

		[執筆箇所]
直山　木綿子	（前出）	はじめに、外国語教育における授業のポイント
平良　優	沖縄県宮古島市立東小学校	Unit 1 ／Unit 3 ／巻末付録
下地　憲誠	沖縄県宮古島市立伊良部島小学校	Unit 2
本井　祐美子	青森県八戸市立三条小学校	Check Your Steps 1
中村　祥子	青森県八戸市立吹上小学校	Unit 4
杉原　萌里	徳島県名東郡佐那河内小学校	Unit 5
川越　美和	高知県高知市立義務教育学校土佐山学舎	Unit 6
福田　優子	大分県佐伯市立上堅田小学校	Check Your Steps 2 ／Check Your Steps 3
脇坂　希	大分県佐伯市教育委員会	Unit 7
冨髙　淳子	大分県佐伯市小中一貫校蒲江翔南学園	Unit 8

『イラストで見る全単元・全時間の授業のすべて　外国語　小学校５年』
付録 DVD ビデオについて

・付録 DVD ビデオは、文部科学省初等中等教育局視学官による外国語活動・外国語科における解説動画が収録されています。

[DVD の内容構成]

1　新学習指導要領における外国語教育の在り方
2　外国語活動・外国語科の指導のポイント
3　教科書活用と Small Talk のアイデア（５年）
4　外国語活動・外国語科の評価のポイント
5　小中連携のポイント

[使用上の注意点]

・DVD ビデオは映像と音声を高密度に記録したディスクです。DVD ビデオ対応のプレイヤーで再生してください。
・ご視聴の際は周りを明るくし、画面から離れてご覧ください。
・ディスクを持つときは、再生盤面に触れないようにし、傷や汚れ等を付けないようにしてください。
・使用後は、直射日光が当たる場所等、高温・多湿になる場所を避けて保管してください。

[免責事項]

・この DVD の使用によって生じた損害、障害、被害、その他いかなる事態についても弊社は一切の責任を負いかねます。

[お問い合わせについて]

・この DVD に関するお問い合わせは、次のメールアドレスでのみ受け付けます。 tyk@toyokan.co.jp
・この DVD の破損や紛失に関わるサポートは行っておりません。

・DVD プレイヤーやパソコン等の操作方法については、各製造元にお問い合わせください。

イラストで見る　全単元・全時間の授業のすべて

外国語 小学校 5 年

～令和 2 年度全面実施学習指導要領対応～

2021(令和 3) 年 3 月10日　初版第 1 刷発行
2022(令和 4) 年 2 月18日　初版第 2 刷発行

編 著 者 : 直山　木綿子
発 行 者 : 錦織　圭之介
発 行 所 : 株式会社東洋館出版社
〒113-0021　東京都文京区本駒込 5 丁目16番 7 号
営 業 部　電話 03-3823-9206　FAX 03-3823-9208
編 集 部　電話 03-3823-9207　FAX 03-3823-9209
振　　替　00180-7-96823
U　R　L　http://www.toyokan.co.jp

印刷・製本 : 藤原印刷株式会社

装丁デザイン : 小口　翔平＋岩永　香穂（tobufune）
本文デザイン : 藤原印刷株式会社
イラスト : すずき匠（株式会社オセロ）
DVD 制作 : 秋山　広光（ビジュアルツールコンサルティング）

ISBN978-4-491-04016-5　Printed in Japan